LES MARTYRS

DE LA FRANCE.

3e SÉRIE IN-8°.

LES

MARTYRS

DE LA FRANCE

(1870—1871)

PAR JULES DELMAS.

> *Hi sunt qui empti sunt de terrâ ex hominibus, primitiæ Deo et Agno.*
>
> C'est la fleur de la terre, la fleur de l'humanité, qui sera ainsi prélevée et offerte en prémices à Dieu et à l'Agneau.
>
> (Mgr Pie : *Eloge funèbre des volontaires catholiques.)*

LIMOGES

EUGÈNE ARDANT ET C. THIBAUT

ÉDITEURS.

—

LES

DERNIERS MARTYRS

DE LA FRANCE.

Qu'est-ce qu'un chrétien?

Les révolutionnaires à la recherche d'une bourse, et, comme Erostrate à la recherche d'un nom, se sont associés pour arriver à leurs fins. La religion les gênait, ils ont juré sa ruine; Dieu les inquiétait, ils l'ont supprimé. Par leurs journaux et par leurs pamphlets tristement autorisés, ils ont prêché la croisade au rebours, fidèles aux préceptes de leur *maître*. « Mentons, mentons, » disait Voltaire le *Prussien*, il en restera toujours quelque chose.

Sous l'appât perfide de leur devise : « Liberté, Egalité, Fraternité, » ils ont pris à l'hameçon la sottise humaine. Et les peuples ont renié la foi de leurs ancêtres!... Ils n'ont plus songé qu'aux jouissances de la bête!...

Aussi quand la patrie expirait sous les étreintes de fer d'un ennemi brutal, les fils de la France, que nos rois chrétiens conduisaient toujours à l'honneur, ne savaient plus que se dérober à la bataille.

Il y a eu des exceptions nombreuses, mais ces glorieuses exceptions ne se sont trouvées que chez les combattants sincèrement chrétiens. Ceux-là seuls savent mourir, parce que leur vie n'est qu'une longue suite d'actes de dévouement, de sacrifice.

Le chrétien est le disciple du Christ, l'imitateur du Christ. Toujours soumis à la volonté divine, toujours résigné, il voit avec la même sérénité la tempête et le calme, les tourments et les joies : la lutte est sa vie, la souffrance est son souffle. Il n'a d'autre devise que celle de sainte Thérèse : « Souffrir et mourir. » Et quand la mort vient, il sourit, sous quelque aspect qu'elle se présente.

Parmi mes lecteurs, quelques-uns, peut-être, sont imbus des préjugés de l'ignorance ; à ceux-là, je dirai ces paroles d'un officier de marine à un de ses amis : « Hé quoi ! vous ne connaissez notre religion que par les attaques, les vacarmes dont elle est l'objet, et cela vous suffit pour la juger ! Un homme intelligent et loyal, qui ne désire que la vérité, peut-il procéder aussi légèrement et condamner ce qu'il n'a pas sérieusement examiné ? »

Prince de Berghes.

Sorti l'un des premiers de l'école de Saint-Cyr, le jeune prince de Berghes-Saint-Vinock, était, ainsi que son frère, lorsque la guerre éclata, officier au 9e chasseurs. Ses rares qualités le firent désigner par son colonel au général Lebrun, qui cherchait un officier d'ordonnance. Le 31 août, il prit part à la bataille de Mouzon; le 1er septembre, il était auprès de son général, lorsqu'un obus vint lui fracasser la jambe droite. Il subit l'amputation sur le champ de bataille avec un courage qui lui permit d'en suivre toutes les phases; le soir même, il fut transporté au village de Givonne. Les hommes généreux qui présidaient aux ambulances accoururent; parmi eux se trouvait son cousin, le prince de Sagan, dont le dévouement pourvut à tout ce qu'exigeait l'état du jeune blessé. Le lendemain, le prince de Berghes traça de sa main une longue lettre au crayon pour rassurer sa mère. Tant de fermeté et de force d'âme excitaient l'admiration de ceux qui l'entouraient et firent quelque temps illusion à sa mère. Lorsque, au bout de cinq jours, elle parvint enfin près de lui, il fut transporté à Bruxelles, où la famille d'Ursel ne voulut céder à personne le droit de lui prodiguer la plus délicate hospitalité. Bientôt se manifestèrent les plus sinistres symptômes ; il fallut renouveler de douloureuses opérations ; le courage du blessé, sa douceur envers ceux qui le soignaient, sa confiance en Dieu, étonnaient les docteurs et grandissaient avec la souffrance ; douze jours avant de mourir, il voulut remplir ses devoirs religieux, mais sans éclat, sans témoins, demanda-t-il, « pour ne pas affliger ma mère ! » Entre chaque crise, il renaissait avec toute sa lucidité, nommant son frère, son général, ses amis, et montrant à découvert sa belle jeune âme prête à s'envoler... Le 23 octobre vit la fin de ses longues tortures : vers 10 heures du soir, « Mon Dieu, s'écria-t-il, ayez pitié de moi ! » Et il expira dans les bras de sa mère. Pendant trois jours, les officiers français et belges, des vieillards illustres, des jeunes gens, des jeunes filles s'agenouillèrent sans relâche autour du lit mortuaire ; des femmes pieuses reproduisirent ses traits ; des mains augustes voulurent tresser elles-mêmes les couronnes de roses blanches et d'immortelles qui ornèrent son cercueil. La ville semblait en deuil ; une foule émue se pressait dans l'église. Les blessés des ambulances se traînaient lentement à la suite du cortége, au milieu duquel le fils du maréchal Mac-Mahon représentait son père.

Ceux qui ont connu Pierre de Berghes, et surtout ceux qui l'ont assisté dans ses derniers jours, n'oublieront jamais ce jeune officier si bon, si doux, si brave dans la vie et devant la mort (1).

La noblesse catholique versait généreusement son sang sur tous les champs de bataille pendant que ses détracteurs péroraient et volaient.

On écrivait à la *Province* de Bordeaux :

« Monsieur le Rédacteur,

» J'avais à l'armée huit cousins ou plus proches parents :

MM. Prince de Berghes (Pierre), mort.
Duc de Berghes (Guillaume), blessé.
Comte de Marcellus (Lodoïs), mort.
Comte de Lasteyrie (Robert), blessé.
Vicomte de Malet (Edouard), blessé.

(1) L'*Univers.*

MM. Comte de Viel-Castel (Edouard), pas de nouvelles.

Alexis d'Assailly, prisonnier.

Richard de Chassey, mort.

» Ils n'étaient point républicains, mais ils servaient leur pays, fidèles aux traditions patriotiques de leurs familles.

» Veuillez donc faire connaître à vos lecteurs que le sang de la vieille France n'est point tout-à-fait perdu, et que ses représentants ne sont pas tous des *gandins dégénérés*, quoi qu'en dise l'*Emancipation*.

» Mais encore une fois, où sont donc les républicains qui parlent d'enflammer nos courages?... Dans les journaux, où ils calomnient; aux emplois lucratifs, où ils se chauffent, conspirent et jugent les coups... qu'ils ne portent ni ne reçoivent pas !

» Le pays jugera bientôt.

» Ed de L. »

Sous-lieutenant Luiset ; capitaine Albert Rouvière.

Le 76e de ligne combattait auprès du village de Stiring. C'est là que je vis tomber sous le feu de l'ennemi M. Luiset, de Lille, sous-lieutenant et porte-drapeau du régiment. Plus préoccupé du drapeau que de sa blessure, je l'entendis dans sa chute crier de toutes ses forces : « Mes amis ! au drapeau, au drapeau ! Sauvez le drapeau. » Je courus à lui, et, aidé du tambour-major, je l'emportai dans la voiture de l'ambulance. Sa blessure lui avait ouvert le ventre, et ses entrailles sorties traînaient dans la poussière et sur le marchepied de la voiture. Il perdait tout son sang et il devait être d'une faiblesse extrême. Mais rien ne paraissait, et, toujours occupé du drapeau, il criait par la portière de la voiture : « Mes amis, où est le drapeau? Le drapeau est-il sauvé?... » Arrivé à l'ambulance, je le remis aux mains de notre chirurgien en chef, et dès qu'il fut pansé, il m'appela et me dit : « M. l'aumônier, vous pouvez me confesser et me donner tous les sacrements, je les recevrai avec bonheur. J'appartiens à une famille chrétienne, et puis, j'ai eu de si bons maîtres au collège de Marcq ; j'en ai reçu de si bons principes que je suis heureux de l'occasion de remplir mon devoir de chrétien après avoir rempli celui de soldat. » Je lui administrai donc les sacrements, et, après encore une heure de courage et de prières, il rendit le dernier soupir.

Abbé Baron.

On écrivait de Nîmes :

« Nous pleurons et nous sommes fiers. Un enfant de l'Assomption, mon élève et mon ami, le capitaine Albert Rouvière, est tombé glorieusement après s'être battu comme un lion. C'était un bel officier, fort instruit, d'un brillant avenir.

» Albert Rouvière était âgé de trente-deux ans. Ancien officier d'ordonnance de l'infortuné Maximilien, capitaine adjudant-major au 77e de ligne, il allait être promu au grade de chef de bataillon, dont il faisait les fonctions à Sarrebruck et à Forbach.

» A Saint-Avold, il avait reçu le pain du voyage, le pain des forts, ce pain qui donne la vie et le courage, et qui transforme les chrétiens en lions pour le combat, « après avoir fait la meilleure de ses confessions, » disait-il dans l'intimité domestique, avec cette délicatesse de piété qui était une des distinctions de son caractère. Au soldat qui se penchait sur son corps pour recueillir son dernier souffle, il a pu dire dans un suprême effort : « Je vous prends à témoin que je meurs en soldat et en chrétien. » — Grandeur d'intention, noblesse de parole qui élèvent la mort sur le champ de bataille à la hauteur d'un véritable martyre. »

Capitaine Lefèvre; lieutenant Cambray.

Au début du combat de la Fourche, le 21 novembre, la 5e compagnie du 1er bataillon des mobiles de l'Orne perdait son capitaine, M. Alexandre Lefèvre, ancien maire de Marche-Maisons. Ses jeunes soldats, qu'il appelait « ses enfants, » l'ont pleuré comme un père. Son pays regrette en lui l'homme excellent au cœur loyal.

Un acte de foi, simplement, dignement accompli aux yeux de tous, a couronné sa vie toute exemplaire. Il venait de prendre position devant l'ennemi avec sa troupe, lorsque voyant approcher l'aumônier du bataillon, le R. P. Cabirol, il alla à sa rencontre, et, lui serrant la main : « Mon Père, dans deux ou trois jours j'aurai quelques mots à vous dire. » — « Pourquoi pas tout de suite, capitaine? » répondit l'aumônier, « la journée va être chaude. » — « Vous avez raison... Eh bien! tout de suite.. je suis à vous. » Les soldats virent alors qu'ils s'éloignaient ensemble. Ils s'arrêtèrent à quelques pas de là, près d'un talus. Le capitaine s'agenouilla en faisant le signe de la croix, la main du prêtre se leva sur sa tête. Une demi-heure était à peine écoulée qu'il tombait foudroyé, atteint en pleine poitrine par un boulet.

Il était âgé de cinquante ans, il avait servi et comptait plusieurs campagnes faites en Afrique. Courageux, instruit, capable comme il l'était, nul doute qu'il ne fût arrivé aux grades élevés de l'armée, s'il eût continué l'état militaire. Revenu au pays, il ne s'était pas marié; il vivait heureux près d'une de ses sœurs plus jeune que lui, qui, toute dévouée à ce frère si parfait, était demeurée au foyer paternel.

Henry de Cambray, ce jeune homme plein de courage et de dévouement, succombait à Paris par suite de glorieuses blessures reçues sous les murs de la capitale, dans la sortie du 30 novembre. Jaloux de récompenser une intrépidité toujours infatigable, le général Trochu envoyait à l'héroïque lieutenant de la mobile du Loiret, la croix d'honneur, si noblement teinte de son sang.

Malgré une double et cruelle opération, subie avec un courage et une énergie toute chrétienne, Henry de Cambray ne put survivre à tant de blessures : il mourut, comme il avait vécu, plein de foi et d'espérance. Son seul regret était de ne pouvoir embrasser ses chers parents; c'était le plus dur des sacrifices, il a su noblement le faire : gloire à lui !

Agé de 23 ans, il a fourni une longue carrière. Dieu, mieux que tout autre, saura le récompenser de son abnégation et de ses rares qualités.

Général Renault.

Le général Renault était entré à l'école de Saint-Cyr en 1825 ; il était en 1835 capitaine dans la légion étrangère. Il gagna successivement les grades de chef de bataillon et de lieutenant-colonel de zouaves, et, en 1844, il commandait le 6e léger.

Nommé général de brigade en 1846, le général Renault resta en Afrique de 1839 à 1848, époque où il rentra en France pour prendre le commandement d'une brigade de l'armée des Alpes. Il était général de division depuis 1851.

De 1851 à 1859, il retourna en Afrique, où il remplit plusieurs fois par intérim les fonctions de gouverneur général.

Pendant la campagne d'Italie, il prit le commandement d'une des divisions de l'armée expéditionnaire, et fut nommé sénateur en récompense de sa brillante conduite à Solférino.

Le brave général Renault était, en effet, le type du vrai soldat français : courage chevaleresque et dévouement à toute épreuve. C'est ainsi qu'il a vécu et c'est ainsi qu'ils est mort.

Le commandant du 1er corps de la deuxième armée était appelé, par les soldats, *Renault l'arrière-garde,* tant sa renommée de bravoure était bien établie partout.

Un de ses braves aides-de-camp, m'écrivait :

« Je puis vous dire que dans Paris assiégé il s'est toujours trouvé l'héroïque Renault. Au combat de Châtillon, par exemple, alors que la retraite s'opérait un peu précipitamment par quelques corps, il était à l'extrême arrière-garde du 119e de ligne, alors le 19e de marche. Pour arrêter les jeunes gens un peu émus par cette énorme canonnade qu'ils entendaient pour la première fois, il prit un clairon et essaya d'y sonner la charge. Il était calme et beau au milieu des balles dirigées sur lui de toutes parts : sa présence à cheval au milieu de son état-major et de son escorte, le signalait à l'ennemi. »

A la bataille de Villers (30 novembre) il eut un pied fracassé par un obus en ramenant à la charge le régiment des mobiles de Normandie, qu'il avait formé à Rouen.

En rentrant à Paris par la porte de Vincennes, il répondait simplement à la foule émue qui se pressait sur son passage : « Paris vaut bien une jambe. »

Il fut transporté à l'hôpital Lariboissière, où il rencontra un ami, le docteur Kusko, un habile chirurgien qui lui prodigua, jusqu'à la fin, les secours de la science et les consolations de l'amitié. A peine le général fut-il dans l'appartement que le directeur eut la délicate attention de lui préparer, qu'il demanda énergiquement une religieuse pour sa garde ; aussitôt les religieuses Augustines de la maison se mirent de tout cœur à sa disposition pour le jour et pour la nuit, et lui tinrent place de sa famille absente.

A la première visite de l'aumônier, le général lui serra si affectueusement la main, que le prêtre put comprendre qu'il avait affaire à un homme de foi ; ses paroles du reste le prouvent bien : « Je crois, » disait-il, « en Dieu le Père, le Fils, et le Saint-Esprit... J'ai confiance dans les prières de ma sœur, religieuse (à Tours). Oh ! oui, elle prie pour moi... » A la vue d'une image de la sainte Vierge : « Oh ! oui, je l'aime et je l'invoque... » « Oui, » a-t-il dit en parlant de Mgr l'archevêque, qui se proposait de lui faire visite, « c'est mon ami, nous parlerons de bien des choses... mais surtout morale !... »

Lorsqu'on l'administra, il pressa le crucifix sur ses lèvres avec une telle expression de foi et de confiance, que l'assistance en fut attendrie jusqu'aux larmes.

Quand on lui dit qu'on allait continuer à prier : « Oui », répondit-il, « priez pour moi, pour la France... je meurs pour la France ! ! ! »

Commandant Desprez.

L'*Univers* publiait la note suivante sur le capitaine de frégate Eugène Desprez, tué à la tête d'un bataillon de marine dans le combat du 30 novembre.

Les détails qu'on va lire sont dus à l'un de ses compagnons d'armes, M. Scias, lieutenant de vaisseau.

« La marine vient de perdre un vaillant officier, la France un fils des plus dévoués !

» L'exemple des hommes de cœur est bon à méditer, surtout aujourd'hui, et voilà pourquoi je crois nécessaire d'élever la voix pour faire connaître à grands traits quel homme était le commandant Desprez. Ceux qui l'ont vu à l'œuvre dans une carrière dejà longue, quoique, d'après les prévisions humaines, elle fût loin d'être encore achevée, ceux-là, dis-je, pourront reconnaître que j'expose la simple vérité. La générosité et le dévouement étaient les traits les plus accentués de son caractère, et ces qualités étaient encore rehaussées par une aménité et une bienveillance qui rendaient pleins d'agrément les rapports qu'on avait avec lui; ses inférieurs, ses camarades et ses chefs, tous ceux qui l'ont approché, l'estimaient et l'aimaient. Parlerai-je de son courage, de la manière dont il comprenait la résistance à un ennemi si longtemps victorieux? Le jour où la nouvelle de nos premiers malheurs se répandit à Cherbourg, où il commandait un navire, je me rendis chez lui pour prendre ses ordres : je le vis occupé à rédiger une lettre; il demandait une faveur, la seule que les hommes de sa trempe ambitionnent et recherchent : l'honneur de venir exposer sa vie au premier rang et de commander un des forts de Paris. « Je vous réponds que celui-là ne se rendra pas, » me disait-il en fermant sa lettre.

» On sait maintenant que l'effet a suivi sa promesse.

» Voilà pour les qualités auxquelles tout le monde applaudit, et que tous respectent et admirent ; mais il en est une autre dont ceux qui la possèdent n'ont pas toujours, hélas ! le courage de se vanter, et que je dois d'autant plus faire ressortir qu'elle est le résultat de croyances attaquées aujourd'hui avec acharnement, avec rage. Dans la grande lutte que l'impiété et l'athéisme livrent à la religion, il est nécessaire, plus que jamais, de proclamer hardiment sa foi ; celle du commandant Desprez était vive et agissante. Il ne craignait pas de la montrer dans toute sa vie, et, cependant tout sévère qu'il fût envers lui-même, il était pour les autres d'une indulgence et d'une bonté qui lui gagnaient les cœurs des ennemis mêmes de la religion. Il honorait et aimait la Vierge Immaculée, et à la veille de partir pour une campagne où les dangers pouvaient être nombreux et fréquents, il voulut mettre son navire sous la protection de cette reine toute-puissante, et embarquer à bord une statuette de Notre-Dame.

» On sait le reste, et quel exemple de toute sa vie il a laissé ! Tâchons de marcher sur ses traces et souhaitons de vivre et de mourir comme lui, fidèles à la patrie et à Dieu. »

Commandant de Dampierre; lieutenant de Surigny.

Au milieu d'une journée brillante pour nos armes et glorieuse surtout pour les mobiles de la Côte-d'Or et de l'Aube, le commandant de Dampierre a été frappé à la tête de son bataillon. Je me trouvais en ce moment aux avant-postes, sur la route d'Orléans, à gauche du village de Bagneux, vers dix heures du matin, lorsqu'un messager vint en toute hâte chercher un prêtre. Le commandant avait, en tombant, réclamé ce suprême secours.

J'arrivai en courant de toutes mes forces à une petite maison abandonnée où il venait d'être transporté. Le major lui avait déjà donné les premiers soins. Ses chers mobiles l'entouraient avec une émotion et des paroles que je ne saurais mieux rendre qu'en disant qu'on aurait cru voir un père mourant au milieu de sa famille éplorée. Ces braves gens ne savaient qu'imaginer pour adoucir ses souffrances. L'un quittait sa vareuse pour la lui étendre sur les jambes, car il faisait froid sur ces hauteurs ; un autre lui soutenait la tête; un troisième lui serrait les mains, ce qui paraissait le soulager, car une sorte de crispation qui se produisait dans l'avant-bras lui semblait pénible, et l'appui d'une main amie lui faisait du bien.

A mon arrivée, son visage déjà pâle s'illumina d'une joie céleste. Sans perdre de temps il récita très fermement : « Je me confesse à Dieu tout-puissant..., » se confessa et reçut l'absolution avec des sentiments dignes d'un héros chrétien. Je lui demandai plusieurs fois s'il consentait à offrir à Dieu le sacrifice de sa vie. « Oui, » me répondit-il, « que la volonté de Dieu soit faite. » Il récita cet acte de parfaite charité quatre ou cinq fois pendant que nous le transportion à l'ambulance d'Arcueil. Il récita de plus le « *Souvenez-vous, ô très pieuse Vierge Marie,* » et répéta souvent : « *Jésus, Marie, Joseph.* »

Je dus le quitter à mi-chemin d'Arcueil parce que d'autres blessés réclamaient mon ministère.

R. P. DUFOUR.

Dans Paris assiégé, le 4e bataillon de la mobile de l'Ain éprouvait une perte douloureuse. Les officiers accompagnaient à sa dernière demeure Alphonse de Surigny, lieutenant et ancien zouave pontifical. Parti à vingt ans pour Rome, six fois il avait renouvelé son engagement à la cause sacrée du Souverain Pontife. A Mentana, il vit deux de ses officiers tomber à ses côtés.

Ces jeunes gens, que nos démocrates et *nos purs* ont tant calomniés, s'étaient engagés à répondre à l'appel de leur pays, le jour où il aurait besoin de leur sang. Fidèle à cet engagement sacré, Alphonse de Surigny s'était engagé dans les rangs de la mobile avec cinq autres de ses anciens compagnons d'armes.

Ce brave jeune homme n'avait pu trouver la mort sur le champ de bataille. Dieu lui ménagea l'épreuve toujours sensible à un cœur valeureux, celle de mourir loin de son pays, loin de ses amis, victime de la petite vérole.

Le Seigneur sans doute, en lui refusant la mort glorieuse du champ de bataille, lui a ménagé une gloire plus durable. A peine était-il frappé par le fléau, que le délire s'emparait de sa belle intelligence ; mais le jour où l'aumônier attaché au bataillon lui parla de son Dieu, de son devoir et de son éternité, la parole, l'intelligence et le cœur reprirent une vie nouvelle. Il fit à Dieu le sacrifice de cette existence si glorieusement commencée et si tristement interrompue, et le reçut en vaillant chrétien. C'était la double récompense de son dévouement à la cause de notre bien-aimé Père, aux intérêts de ses soldats.

En effet, avant de tomber frappé par l'épidémie, ce cher officier était allé plusieurs fois porter à ses soldats malades une parole d'encouragement et de consolation. C'est là qu'il a trouvé le germe de cette maladie qui l'a si rapidement emporté. Aussi, Alphonse de Surigny restera, pour ceux qui l'ont connu, le martyr du devoir et de la charité.

Just de la Tour-Maubourg; du Plessis de Grénédan; Tronquoy de la Lande.

Le jeune Just de la Tour-Maubourg, un nom célèbre entre tous les noms fidèles et dévoués, a été tué à la bataille de Montargis, le cœur percé par une balle prussienne; il est tombé « la tête haute et la poitrine en avant, » comme sont toujours tombés ceux de sa race pour la défense de la France.

Voici ce que ce vaillant enfant écrivait à ses parents; cette page intime où déborde le sentiment de la famille et du devoir, nous dispense de tout éloge. Le panégyrique de cette innocente et noble victime s'y trouve éloquemment tracé à chaque ligne, à chaque phrase, à chaque mot :

« En vous quittant hier, cher papa, j'étais trop ému pour vous faire un adieu comme je l'aurais voulu.

» Nous ne partons qu'à midi, et j'ai le temps de vous écrire un mot. Laissez-moi vous dire, une fois de plus, cher papa, combien je vous aime, vous, maman et Annecy.

» Autant je suis fier d'aller défendre mon pays, autant je suis navré de vous quitter; mais soyez sûrs, quoi qu'il arrive et où que je sois, que je me souviendrai du nom que je porte et de ce que les miens ont su faire avant moi. Dieu, en qui j'ai mis toute ma confiance, me protègera, j'en suis convaincu, et, avant peu de temps, je pourrai vous embrasser encore.

» Si cependant je devais succomber, vous n'aurez pas à rougir de votre fils, je saurais tomber la tête haute et la poitrine en avant. Je m'en sens le courage, et ce sera sans terreur de la mort : car, je vous le jure ici, vous pouvez être assuré qu'avant d'aller au feu, j'aurai réglé mes comptes avec Dieu.

» Ne vous attristez pas maintenant, cher papa, de ce que je dis là. Au lendemain de notre séparation, mon cœur déborde malgré moi. Mais, dans le fait, il s'affirme de plus en plus que nous ne marcherons pas avant deux ou trois semaines, et d'ici là, bien des choses peuvent se passer.

» Au revoir donc, cher et adoré père, chère mère et chère sœur! Je ne crois pas vous avoir fait souvent de la peine; mais je vous demande pardon ici de tous les petits chagrins que j'ai pu vous causer à tous.

» Pardon aussi de cette lettre, que je n'aurais pas dû vous écrire; mais je n'ai pu m'empêcher de le faire.

» Au revoir, chers parents; je vous embrasse du fond de mon cœur, aussi bien que tous les miens.

» Votre fils chéri,

» JUST DE LA TOUR-MAUBOURG. »

M. du Plessis de Grénédan succombait, après trois semaines de souffrances chrétiennement supportées, aux blessures qu'il avait reçues à la bataille de Coulmiers.

Il s'était engagé, malgré ses soixante-cinq années, dans un régiment de marche. Atteint par une balle dans l'attaque de la ferme de la Renaudière, il ne cessa de combattre jusqu'au soir, électrisant de la voix et de l'exemple les jeunes soldats qui l'entouraient. Pour le faire entrer à l'ambulance, il ne fallut rien moins qu'un ordre formel de ses chefs.

Le lendemain, le général d'Aurelles fit remettre au brave sexagénaire la croix de la Légion-d'Honneur, qu'il avait si vaillamment gagnée.

Affaibli par le sang qu'il avait perdu, M. du Plessis dut être transporté à Orléans, où il trouva des soins empressés, et, à cause de son âge, un accueil particulièrement sympathique.

Son état parut d'abord s'améliorer rapidement, mais des complications survinrent qui ne laissèrent plus aucun espoir. Appelée à la hâte, madame du Plessis put consoler les derniers jours de son mari, qui eut, en mourant, la douleur de ne pouvoir embrasser ses enfants, orphelins presque au berceau, et de voir revenir, insolents et vainqueurs, dans la ville d'Orléans, les Prussiens qu'il en croyait à jamais chassés.

M. Tronquoy de la Lande, bien jeune encore, s'est éteint dans sa famille après avoir échappé à la mort des champs de bataille.

Après avoir fait la campagne du Mexique, il était rentré dans la vie civile; mais en présence de l'invasion prussienne, il reprit son épée, et suivant l'exemple de ses amis dont le sang généreux a tant coulé pour notre malheureux pays, il se mit à la tête des mobiles de Pauillac, qu'il conduisit si glorieusement, sinon à la victoire, du moins au combat.

Blessé par un éclat d'obus à la funeste bataille qui remit de nouveau Orléans aux mains de nos ennemis, il brava tous les dangers, dès qu'il le put, pour échapper à la captivité, et revint à Bordeaux, prêt à risquer de nouveau sa vie pour sauver la France.

C'est au moment où, à peu près guéri de sa blessure, il croyait pouvoir être encore utile à son pays, que la mort est venue le frapper comme un coup de foudre et l'enlever à l'amour de sa famille, à l'affection de ses amis et de ses mobiles, qui pleurent aujourd'hui en lui leur bon et brave capitaine. Il a reçu dans le ciel la couronne du martyre due à son dévouement, à ses nobles instincts, à ses religieuses croyances.

(L'*Union*.)

Marquis d'Espinay-Saint-Luc; les comtes de Bouillé.

Le marquis d'Espinay-Saint-Luc a été frappé mortellement au combat de Patay. Agé de

57 ans, veuf et père de trois enfants, il s'était cependant engagé dès le commencement de la guerre. Nommé capitaine des mobiles de Loir-et-Cher, il avait mis tous ses soins et toute son expérience d'ancien officier pour former ses jeunes soldats, qui l'aimaient comme un père.

C'est le 4 décembre qu'il défendit Patay; les rues étaient fermées par des barricades, il fallait arrêter le flot toujours grossissant des Prussiens; la mitraille pleuvait de toutes parts et les mobiles commençaient à plier; craignant alors de livrer passage à l'ennemi, il attacha son sabre à son poignet, s'empara d'un fusil, et, faisant le coup de feu avec ses soldats, il leur dit : « En avant, mes enfants, combattons pour la France! » Durant cinq heures, cette petite troupe de braves porta la mort autour d'elle; durant cinq heures les pauvres mobiles tombèrent autour de leur chef; chacun admirait le capitaine. Il était superbe de courage et de sang-froid. Le soir s'approchait, le combat allait finir, lorsqu'un obus vint frapper en pleine poitrine le malheureux capitaine. Il s'affaissa, lui qui de toute la journée n'avait pas fléchi la tête devant les balles ennemies.

Un officier le releva. « J'ai mon compte, » lui

dit-il, « je ne me plains pas : c'est pour la France ! » On le transporta dans une ambulance; il ne voulut pas qu'on ouvrît sa tunique pour le panser avant d'avoir vu l'aumônier. Après s'être confessé, il fit venir ses soldats, qui pleuraient. « A genoux, » leur dit-il, et il reçut la sainte communion; il avait commandé de porter les armes, et le tambour battait aux champs. — « Me voilà réconcilié avec Dieu, mes amis; je regrette de ne pas continuer à vous diriger, mais faites-moi le serment de vivre en bons chrétiens et de mourir, s'il le faut, pour notre malheureux pays. »

— « Nous le jurons, » dirent les soldats, les larmes dans la voix.

— « Adieu, » leur dit-il, « je meurs sans regrets ; vive la France ! »

Le chirurgien le pansa, le sang coulait à flots, on ne put l'arrêter, et deux heures après il rendit son âme à Dieu.

Une douloureuse émotion s'est répandue dans Nantes quand a circulé la fatale nouvelle de la mort du comte de Bouillé, et la Bretagne tout entière aujourd'hui s'associe à ce grand deuil.

Deux mois à peine étaient écoulés depuis le

jour où, suivi de son fils et de son gendre, il quittait les loisirs d'une vie tranquille et les amitiés qui l'entouraient; il laissait derrière lui une demeure remplie par les joies bénies de la famille, pour aller volontairement au-devant des ennemis de son pays.

Celui qui jugera froidement les événements et les hommes de nos temps misérables, appréciera quel sentiment a déterminé ces départs, et considèrera ces généreux efforts qui brisent les liens si doux du bonheur domestique comme une des plus belles expressions de l'héroïsme.

Tous les trois ils s'éloignèrent en silence, le cœur rempli des souffrances de leurs derniers adieux; ils partirent en pressant la main de quelques amis qui leur faisaient un modeste cortége. Ils firent presque un mystère de leur voyage, car la simplicité de leur caractère voilait, pour eux, la grandeur de leur dévouement; et le mérite d'une abnégation si rare paraissait tout naturel à leurs yeux. Ils ne cherchaient ni le bruit ni la foule, ils ne cherchaient que les ennemis de la France... et ils les ont rencontrés!

Le comte de Bouillé et ses enfants s'engagèrent comme soldats dans cette légion qui a éteint les préventions et fait taire les haines à force de gloire. Ils acceptèrent gaiement les épreuves de leur nouvelle existence. Ils montrèrent dans les pénibles fatigues ce que peuvent des âmes fortement trempées. Ils furent aux premiers rangs, sous la pluie glacée et sous la neige, avec cette gaieté charmante qui les rendait si sympathiques à tous ceux qui les approchaient. Ah ! si quelque ombre traversait comme un nuage la sérénité de leurs pensées, ce n'était pas la clairvoyance de la destinée qui pouvait exciter leurs craintes ; c'étaient les visions radieuses et chéries qui reflétaient, jusque sous la tente, le lointain tableau où ils revoyaient les êtres bien-aimés dont les cœurs se perdaient dans les leurs.

Ils s'avancèrent vers ce dernier combat, où on vit le courage braver la mort sous toutes les formes, insouciants devant les dangers, mais pensifs en songeant à leur malheureuse patrie que les révolutions sans pitié poussaient à sa perte. Ils ne voulaient pas que cette France, que leurs rois avaient faite si grande, fût mutilée par un insolent vainqueur. En abordant les Prussiens, Bouillé, ainsi que d'Assas, s'écria : « A moi, mes enfants ! C'est l'ennemi. »

Quelques instants après, il relevait le drapeau qui tombait avec son fils; atteint à son tour, il le remettait à son gendre, auquel il ne restait plus qu'une main pour le soutenir.

C'est avec un profond attendrissement que nous écrivons ces lignes, car nous ne connaissons pas de patriotisme plus généreux et désintéressé. Les traditions du berceau leur avaient appris qu'on mourait pour son Dieu et pour son pays. Aussi ils pouvaient dire devant les portraits de ces chevaliers dont ils descendent : « Soyez fiers de nous, car, comme beaucoup d'entre vous, nous allons donner notre vie pour la France. »

Et vous, le plus illustre de tous ces ancêtres, Bonchamps, une fin sanglante comme la vôtre enveloppe votre petit-fils. Ouvrez-lui votre demeure, car il vous apporte, aussi lui, sa moisson de gloire. De cette humble église de Saint-Florent était sortie une voix mystérieuse qui enseignait le sacrifice. Et sur la pierre de votre mausolée, il est écrit que si nous sommes périssables, le dévouement est éternel. Faites donc une place, à vos côtés, à ce fils digne de vous, et qu'il repose dans la paix de Dieu, sous votre grande ombre.

(*Espérance du Peuple.*)

Le 23 janvier 1871, le comte de Chambord adressait la lettre suivante à M. Edouard de Cazenove de Pradines :

« Votre lettre du 10, mon bien cher Cazenove, m'a ému jusqu'au fond de l'âme. Au milieu des afflictions qui nous accablent, c'est pour mon cœur une grande consolation de vous savoir aussi bien que possible, après la terrible blessure que vous avez reçue, et d'acquérir la certitude que vous recouvrerez l'usage de votre bras pour le service de la cause à laquelle vous avez consacré toute votre existence.

» En apprenant la perte que nous avons faite dans la personne de votre si excellent beau-père, pour qui vous connaissiez toute mon estime et mon affection, je me suis empressé d'écrire à la comtesse Arthur de Bouillé, afin d'exprimer à cette famille, naguère si heureuse et aujourd'hui si éprouvée, ma bien vive sympathie.

» Les tristes détails que vous me donnez sur votre beau-frère m'affligent profondément. Car j'aimais jusqu'ici à espérer que cette nouvelle serait épargnée à sa pauvre femme et à sa malheureuse mère, déjà si cruellement frappées.

» Ils ont succombé tous les deux héroïquement, et ils reçoivent maintenant dans le ciel la récompense de leurs admirables sentiments et de leur glorieuse fin.

» Ma femme et moi ne cessons de penser à vous, à madame de Cazenove, à votre père et à tous les vôtres, et de prier pour eux et pour vous.

» Que Dieu vous donne la patience et le courage de supporter les souffrances et les épreuves qu'il vous a envoyées.

» Soignez-vous bien pour votre famille et pour moi, et croyez plus que jamais, mon cher et brave Cazenove, à ma tendre et reconnaissante amitié.

» HENRI. »

Baron de Villebois.

Né au château du Plessis, commune de Huillé, le baron Rémond de Villebois appartenait à l'une des familles les plus distinguées de l'Anjou. Il fut appelé par son mariage avec mademoiselle de Clervaux à fixer sa résidence dans le Poitou. Il y vivait étranger aux agitations de la politique, et occupé de ses affaires privées et de l'éducation de ses deux enfants, quand, à la fin de l'année 1867, la nouvelle de l'invasion des Etats pontificaux par les bandes garibaldiennes, lui fit prendre la résolution de s'enrôler parmi les défenseurs du Saint-Siége. Soutenu et fortifié dans son dessein par madame de Villebois, dont le cœur, non moins généreux que le sien, s'associait à sa noble inspiration, il quitta son château de l'Houmelière (Deux-Sèvres) au mois de janvier 1868, et se rendit à Rome, où il endossait quelques semaines plus tard l'uniforme des zouaves. Depuis lors la petite armée des soldats du Pape ne cessa plus de le compter dans ses rangs. Au mois de septembre 1870, quand l'armée du roi de Turin, exploitant indignement les premiers désastres de la France, envahit le territoire pontifical et vint mettre le siége devant la capitale du monde chrétien, Rémond de Villebois était du nombre de ces zouaves héroïques, enfermés dans Rome, qui tous avaient fait serment, dans leur cœur, de mourir sur la brèche plutôt que de laisser à l'assiégeant l'entrée des remparts. On sait comment ils furent empêchés de tenir leur serment par la volonté du Saint-Père lui-même, qui, pour éviter une effusion de sang devenue trop inutile, fit arborer le drapeau blanc et imposa la capitulation. Avec tout le reste de l'armée pontificale, Rémond de Villebois assista, le cœur navré, à la reddition de la ville, et dut subir l'indigne traitement du vainqueur.

Rentré en France, il trouva notre malheureuse patrie en proie à l'invasion, à la suite d'une guerre néfaste dont le dernier épisode alors connu était la capitulation de Sédan. Celui qui avait si généreusement exposé sa vie pour la défense du Saint-Siége, ne pouvait montrer moins de courage quand il s'agissait de défendre la France. La légion de Cathelineau s'organisait. R. de Villebois songeait à en faire partie, quand l'appel jeté par M. de Charette à tous ses anciens compagnons d'armes arriva jusqu'à lui et le fixa sur le choix de sa bannière. Aussitôt il dit adieu à sa famille, à ses chers enfants, qu'il ne devait plus revoir, et partit pour le Mans, où le corps des volontaires de l'Ouest était alors en formation. Quinze jours après il marchait au-devant de l'ennemi. Il traversait les ruines encore fumantes de Châteaudun, prenait part à l'affaire de Brou, et venait camper, le 1er décembre, avec son bataillon, à une petite distance du village de Loigny, que devait rendre si tristement célèbre la journée du lendemain. Le soir même du 1er décembre, il écrivait à sa femme : « Je crois que nous nous battrons demain. L'ennemi n'est plus qu'à une faible distance ; nous formons la réserve du corps d'armée que commande le général de Sonis. Dieu nous soit en aide ! »

Le 2 décembre, en effet, se livrait dans les champs de Patay et de Loigny, un combat funeste pour nos armes, mais glorieux pourtant par la réputation de bravoure et d'héroïsme que s'y conquirent les zouaves de M. de Charette. Sur les quatre cents hommes qui composaient la vaillante petite troupe, quatre-vingts à peine échappèrent pour venir raconter la mort ou les blessures de leurs compagnons.

Qu'était devenu Rémond de Villebois ? Dans le premier moment, sa famille ne put recueillir que des informations confuses et contradictoires sur son compte. Suivant quelques récits, il n'avait point pris part à l'action ; suivant d'autres, il avait été vu blessé sur le champ de bataille. La liste d'appel du bataillon le portait simplement parmi les zouaves disparus. On comprend quelles durent être alors les angoisses de madame de Villebois. Son mari était-il mort ? était-il blessé ? était-il prisonnier des Prussiens ? La courageuse femme, n'écoutant que son cœur, forme le projet de se rendre jusqu'à Loigny et d'aller, s'il le fallait, recueillir des nouvelles de son mari au milieu même des ambulances prussiennes. Mais la retraite de l'armée de la Loire sur Beaugency, Blois et Vendôme, l'empêcha alors de pousser sa résolution jusqu'au bout.

Ce fut une lettre de Rémond de Villebois lui-même qui apporta à sa famille les premières nouvelles un peu précises sur sa blessure et sur le lieu de sa résidence. Le 2 décembre, au moment où il chargeait à la baïonnette, il eut le cou traversé et le bras gauche labouré profondément par une balle. Recueilli deux jours après, à quelque distance du champ de bataille, par une religieuse de Janville (Eure-et-Loire), il avait été transporté dans cette dernière localité et y avait reçu les premiers soins que réclamait son état. Dans cette lettre, le blessé de Loigny, oubliant ses souffrances physiques, n'entretenait les siens que de la douleur qu'il éprouvait d'être éloigné d'eux, et cherchait à leur donner des espérances de guérison, qui devaient être si cruellement démenties. Bientôt arriva une seconde lettre moins rassurante que la première. « Mes forces diminuent de plus en plus, » écrivait-il à sa femme. « J'aurais tant désiré vous voir arriver auprès de moi, si la chose eût été possible ! »

Ce désir était un ordre pour madame de Villebois. Elle partit une seconde fois, bien résolue à braver tous les obstacles et toutes les fatigues pour parvenir jusqu'à son cher blessé. Elle savait d'ailleurs que celui-ci ne recevait aucune des lettres qu'elle lui adressait, et le désir de lui épargner ce second et douloureux martyre communiquait une nouvelle énergie à sa résolution. Dieu bénit son courage. Après un affreux voyage de cinq jours par la saison la plus rigoureuse et au travers des colonnes ennemies qui souvent arrêtaient sa marche, elle arrive le 26 décembre au soir dans l'ambulance de Janville. Hélas ! il n'était que temps ; son mari n'avait plus que quelques heures à vivre. A travers les souffrances de la fièvre qui le dévorait, il put cependant encore sourire et balbutier à sa femme quelques mots de remerciement, lui exprimer avec une émotion touchante le bonheur qu'il avait eu de communier quelques jours auparavant, et écouter avec reconnaissance les détails que madame de Villebois lui donna sur ses deux chers enfants. Bientôt après le mourant entra doucement dans son agonie, et rendit le dernier soupir le matin du 28 décembre. Il était âgé de trente-neuf ans.

(*Union de l'Ouest.*)

Comte Henri de Verthamon.

Après le massacre de Castelfidardo, le comte Henri de Verthamon, n'écoutant que la voix du devoir, n'hésita pas à partir pour Rome afin d'offrir à Pie IX le secours de son bras. Dans une lettre qu'il écrivit la veille de son départ de Bordeaux, il fit connaître en ces termes les motifs qui avaient déterminé sa résolution :

« Mon départ pour Rome n'est pas un coup de tête; à mon âge et dans ma position on ne se décide point légèrement à un pareil acte. C'est après y avoir sérieusement réfléchi et pesé mes motifs, que j'ai arrêté ma résolution. Je vous en dois compte.

» J'ai ressenti, des faits qui s'accomplissent, une tristesse et une humiliation profondes. Ici les excès de la révolution et son incroyable audace accrue par ses insolents succès ; ailleurs la coupable complicité des uns, l'indifférence et l'égoïsme des autres ; dans ma légitime indignation, j'ai cru entendre cette voix de notre Eglise catholique : « Viens à mon aide, j'ai besoin de soldats ! » Puis, ce vieillard auguste, si grand dans sa faiblesse, qui appelle des défenseurs. A ces cris de détresse je réponds : « Me voici, je me donne à vous tout entier. »

» Sans doute la victoire ne saurait nous rester; que peut une poignée d'athlètes contre un ennemi cent fois supérieur en nombre? Nous ne pourrons à nous seuls ni rendre au Pape ce qu'on lui a enlevé déjà, ni peut-être lui conserver ce qui, jusqu'ici, a échappé au naufrage. Mais ce que nous pouvons, c'est protester en face de tous, contre les envahissements et les trahisons révolutionnaires, et contre les actes subversifs de toute justice et de tout droit. Il importe d'autant plus de les combattre que, plus grande est l'inaction des spectateurs, plus nombreux sont les adeptes du mal.

» Enfin, il faut que les révolutionnaires, même dans leur triomphe, en nous voyant à l'œuvre, reconnaissent en nous le dernier bouclier opposé à leur iniquité, et pour le Chef de l'Eglise, qui ne peut mourir, un dernier rempart.

» Voilà comment je comprends le rôle des volontaires dont je vais partager la noble mission; et j'y cours avec confiance, sûr que je suis de remplir ainsi mon devoir d'honnête homme et de chrétien. »

Il eut à supporter pendant longtemps les ennuis de garnison. Il eût bien mieux aimé ne respirer que le danger. Aussi revint-il dans sa famille jusqu'aux jours où Victor-Emmanuel prépara une dernière spoliation de Pie IX. Alors Henri de Verthamon s'empressa de signaler le péril, et, le 15 juillet 1870, il adressa aux catholiques français l'appel suivant :

« Qu'il me soit permis d'élever une voix bien faible, et qui ne peut être autorisée à parler que par ma communauté de sentiments et d'ardentes croyances avec vous, pour vous dire à vous tous qui aimez l'Église et vénérez son Chef auguste, que l'heure est proche où de nouveaux et plus terribles dangers que jamais vont très probablement fondre sur l'une et l'autre.

» De même qu'un tronc décapité tombe sans vie, ainsi les révolutionnaires espèrent qu'en renversant le Trône Pontifical, glorieuse tête de l'Eglise, ils parviendront à l'anéantir elle-même.

» Sans doute, vous tous qui, comme moi et plus que moi, avez le bonheur de marcher aux lueurs éclatantes de la Foi, vous savez que l'exécution complète de ce programme diabolique ne sera jamais réalisée, et vous avez, à cet égard aussi et surtout, foi entière aux promesses divines.

» Mais Dieu, qui peut faire seul son œuvre, veut que nous la fassions avec lui ; il nous veut pour défenseurs.

» Et n'est-ce pas la plus belle des vocations que d'être les auxiliaires de Dieu lui-même, les soldats du Christ ?

» Et, ici, je fais un appel à toutes les classes de la société, qui, toutes aussi, je veux le dire bien haut, parce que c'est l'éclatante vérité, furent, dans des siècles de Foi, représentées à ces croisades, dont le souvenir demeure impérissable.

» Eh bien ! je l'atteste, et je ne crains pas que vous me démentiez, le but de la nouvelle croisade devenue nécessaire, est plus important, cent fois, que celui qui inspira ces grands exploits religieux et ces magnifiques dévouements que nous admirons encore.

» Il s'agissait alors de délivrer un tombeau, le tombeau du Christ, il est vrai ; mais, aujourd'hui, c'est la Religion sainte elle-même de Jésus-Christ qui est en cause ; cette Religion qui nous accueille à notre entrée dans la vie, et qui après nous avoir conduits, si nous l'acceptons pour guide, à travers les rapides années de notre existence, nous fait entrer heureusement au port, en nous assistant encore à notre heure dernière.

» C'est pour la défense de cette Religion sainte, à laquelle nous devons tant, que je vous adjure tous de joindre vos efforts aux miens.

» Jeunes gens, ne gaspillons pas plus longtemps notre temps, notre fortune ou notre vie ; mais donnons ce qui nous reste de tout cela à Celui qui paye au centuple le peu qu'on fait pour lui.

» Jeunes hommes, époux et pères de famille, faisons généreusement de plus grands sacrifices encore.

» Demandons d'abord à Dieu avec sincérité qu'il nous éclaire, et puis confions-lui, avec l'abandon de foi la plus entière, ceux que nous laissons derrière nous.

» Dieu, n'en doutons pas, couvrira d'une protection toute spéciale ces êtres si chers, que nous lui aurons sacrifiés avec tant d'abnégation et de courage.

» Les sacrifices auxquels je vous convie sont grands, je le sais et je le sens tout le premier ; car, moi aussi, je suis époux et père. Mais, combien aussi sera grande la récompense !

» Que ceux, surtout, qui ont déjà eu l'honneur

insigne de servir cette grande cause, comprennent bien que noblesse oblige, et que plus que tout autre ils sont appelés à revêtir de nouveau les glorieuses livrées du Christ.

» Qu'est-ce que le héros, selon le monde, qui trouve déjà sa récompense dans la gloire et les honneurs qu'il reçoit ici-bas? qu'est-il, je le demande, à côté de ces héros chrétiens qui sacrifiant fortune, vie, famille, à leur Foi, à leur Dieu, n'attendant rien que de lui.

» Il y a entr'eux toute la différence qui existe entre les couronnes périssables de la terre et les récompenses immortelles du ciel!

» Allons à Rome! l'heure presse et Dieu le veut! La croix sera notre étendard, et comme Constantin : *Hoc signo vincemus.*

» Donnez à ma voix, ô mon Dieu, la force qui lui manque et qui ne peut lui venir que de vous ; donnez-lui l'éloquence qui persuade et entraîne.

» Puisse la France, la fille aînée de votre Église, mériter une fois de plus son titre glorieux!

» Puissent les quelques milliers d'intrépides volontaires, nécessaires pour préserver l'Église, se recruter surtout chez elle!

« Ainsi, notre chère patrie méritera le secours de votre bras tout-puissant dans la guerre terrible qu'elle entreprend, et la victoire couronnera la Foi et le dévouement de ses enfants. »

Henri de Verthamon assista au siége de Rome, décidé, comme tous ses camarades, à se faire tuer sur la brèche plutôt que de la laisser franchir par l'ennemi. Mais ce n'était pas la pensée du Saint-Père. La nécessité du combat lui déchirait le cœur. Il voulut que la résistance se bornât à constater la violence. Et les zouaves capitulèrent, après quelques heures, pour obéir à celui qu'ils aimaient tant.

Avant de s'éloigner de la place Saint-Pierre, où ils avaient bivouaqué, ils demandèrent à voir Pie IX pour la dernière fois. « Le Saint-Père parut à une fenêtre du Vatican. Le colonel Allet éleva son épée, et aussitôt un immense cri d'amour et d'enthousiasme accueillit le Pontife, le Souverain, le Père bien-aimé. Le Pape bénit sa fidèle armée, et on l'emporta défaillant. » (1)

Ils venaient, ces braves, de combattre pour l'Eglise et ils allaient offrir à leur patrie malheureuse le sacrifice de leurs vies, que la délé-

(1) Jacquemont.

gation de Tours accueillit froidement, pour ne pas dire avec dédain.

Dès le premier combat ils surent montrer que la valeur est l'apanage du soldat chrétien.

Henri de Verthamon portait à Loigny le fanion qui avait été brodé au couvent de la Visitation de Paray-le-Monial. C'était une petite bannière en soie blanche. D'un côté il y avait, sur cette bannière, l'emblème populaire du Sacré-Cœur de Jésus, et de l'autre une invocation à saint Martin, patron de la France. Il était heureux de conduire à l'honneur ses vaillants frères d'armes. Mais il devait bientôt, hélas ! teindre de son sang ce cher étendard. C'est dans le bois qu'il fut grièvement blessé par deux balles. L'une était entrée au-dessous du cœur et avait traversé le poumon, l'autre avait pénétré dans l'aîne gauche et était demeurée dans la vessie. On peut s'imaginer ce qu'il eut à souffrir avec d'aussi atroces blessures, couché dans la neige comme il l'était. Ce ne fut qu'après de longues heures d'un tel martyre qu'il fut transporté dans le presbytère de Loigny, où on le déposa sur la paille, à côté de l'héroïque général de Sonis.

Ainsi que tous les blessés, il dut attendre pendant 24 heures des soins et des vivres. Grâce au courageux dévouement d'une religieuse dont je tairai le nom pour ne pas blesser sa modestie, ils furent enfin transportés sur des charrettes à Janville, petite ville distante de trois lieues.

Henri de Verthamon y arriva l'un des premiers, le 4 au soir; là du moins ses affreuses blessures purent être pansées. Les douleurs qu'il en ressentait étaient si vives qu'elles lui arrachaient parfois des gémissements. Il était admirable dans sa résignation et dans sa foi. Il disait à la noble sœur qui le soignait : « Combien je regrette de n'être pas mort à Rome pour la religion, pour le Saint-Père; c'eût été le martyre. » Mais se reprenant aussitôt, il ajoutait : « Il ne faut vouloir que ce que Dieu veut, je m'abandonne entièrement à lui et je donne ma vie avec joie pour ma patrie. »

Dans un autre moment il lui parlait avec bonheur de la belle charge de Loigny : « Ma sœur, disait-il, c'était sublime ! Nous savions tous que nous allions à la mort; pour moi, il m'a semblé monter au ciel. »

Deux jours avant le combat il avait écrit au colonel de Charette pour lui demander de consacrer le régiment au Sacré-Cœur de Jésus. « Cette lettre, disait le général de Sonis à madame la marquise de Verthamon, est conservée dans les archives du régiment des zouaves. Nul n'était plus digne de porter ce glorieux étendard, et je n'oublierai jamais que, lorsqu'il me fut présenté, son colonel me dit : « Voilà l'enfant du Sacré-Cœur. » Heureuse, Madame, trois fois heureuse la mère d'un tel enfant. »

Après une nuit de souffrances, Henri de Verthamon, comprenant qu'il n'avait que peu d'instants à vivre, se confessa et reçut son Dieu avec une piété angélique. Tous ceux qui l'entouraient ne pouvaient retenir leurs larmes. Le prêtre qui l'assistait ne cessait de répéter : « C'est un saint. » Henri reçut l'extrême-onction ; il répondit lui-même aux prières. Ensuite il demanda les photographies de son épouse et de ses enfants. Après les avoir regardées avec amour, il dit à la sœur : « Vous leur direz à tous que je les aime tendrement et que je les aimerai au-delà du tombeau. Je n'ai qu'un seul sacrifice à faire à Dieu, c'est celui de ma famille ; la vie, les avantages de la terre, tout cela n'est rien. Mais ma famille, oh ! ce sacrifice-là je l'offre à Dieu de tout mon cœur. » Il baisa son crucifix, prononça les doux noms de Jésus, Marie, Joseph, et s'endormit paisiblement dans le Seigneur. C'était le 7 décembre 1870. Sa figure amaigrie, altérée par des souffrances de toutes sortes, devint radieuse. La sœur ne pouvait croire qu'il n'existait plus. La paix du ciel se reflétait sur ce saint visage.

Henri, comte de Verthamon, était né à Bordeaux, le 19 février 1833 ; il avait par conséquent trente-trois ans.

Le 13 mai 1871, on déposait à Saint-Germain d'Esteuil ses restes mutilés. M. du Périer de Larsan, président à la cour de Bordeaux, prononçait en présence des nombreux amis qui se pressaient autour de sa tombe, de nobles et émouvantes paroles que je regrette de ne pouvoir reproduire qu'en partie.

« Il est des cœurs pour lesquels le repos et l'attente sont impossibles, quand il reste un devoir à accomplir. — Inutiles et impuissantes furent encore nos prières. Dans cette âme d'élite brûlaient d'une égale ardeur l'amour de Dieu et celui de la patrie.

» Il avait fait son devoir de catholique, il voulait faire son devoir de Français; et, à peine reposé des fatigues du siége de Rome, il s'arrachait aux bras de sa jeune femme, aux caresses de ses jeunes enfants, aux espérances d'une paternité prochaine ; aux douceurs, en un mot, d'une vie heureuse, et volait vers de nouveaux dangers.

» Je n'essaierai pas de raconter, Messieurs, les épisodes glorieux de l'histoire militaire de nos zouaves pontificaux.

» Vous savez qu'ils n'ont pas marchandé leur vie ; qu'en se multipliant, qu'en se sacrifiant, ils ont sauvé plusieurs fois le corps d'armée dont ils faisaient l'admiration.

» Parmi ces braves, il était naturel de l'être ; et Henri a suivi et donné l'exemple, jusqu'au jour, hélas ! où, à Loigny, il est tombé mort en face de l'ennemi !...

» Mort ! devant l'ennemi !... Nous l'avions cru, en effet, et j'ose à peine exprimer le regret qu'il n'en ait pas été ainsi. Cette mort instantanée et glorieuse sur le champ de bataille, tenant en main le drapeau qu'il n'abandonne qu'en mourant, lui eût épargné, en effet, et cette douloureuse station sur la neige glacée, funèbre linceul que son sang généreux a rougi, et cette longue agonie de trois jours à Janville, pendant laquelle le pauvre blessé, loin des siens, a dû recomposer la vie si belle qu'il abandonnait ; refaire, pour le regretter, l'avenir brillant qui s'ouvrait devant lui, et dans les visions suprêmes qui entourent toujours la couche funèbre, chercher à reconnaître les visages aimés de ceux loin desquels il devait mourir !

» Je n'aurais rien à ajouter à ce douloureux tableau, Messieurs, si je n'avais qu'à vous parler du citoyen et du soldat.

» Ai-je besoin maintenant de vous faire connaître les riches qualités qui faisaient de lui un fils pieux et tendre, un époux modèle, un père sérieusement préoccupé de ses devoirs ?

» Ai-je à vous dépeindre cette nature franche et expansive, essentiellement remuante pour le bien !

» Ai-je à vous parler de cette soif de charité qu'il étanchait à chaque misère rencontrée sur sa route, sans jamais pouvoir parvenir à la satisfaire?

» Pour apprécier le fils pieux et tendre, le frère dévoué, le mari modèle, il suffirait de vous faire asseoir un moment au foyer de cette nombreuse famille dont il fut l'aîné, l'exemple, la joie, et dont les larmes vous disent qu'il y a des pertes qu'on ne répare jamais.

» Pour connaître, respecter et plaindre le père de famille, il faudrait vous lire les pages inspirées de son testament, dans lesquelles il trace à sa jeune veuve le plan d'éducation de ses enfants. — Pensées et conseils frappés au coin de la plus profonde sagesse, jaillissant d'un cœur et d'un esprit élevés, et qu'on ne peut lire sans émotion!

» Pour vous faire connaître Henri charitable, il faudrait, violant le secret rigoureux qu'il gardait de ses bonnes actions, le suivre à travers les quartiers pauvres de la ville de Bordeaux, où il portait lui-même ses consolations et ses secours.

» Il faudrait vous conduire, pendant qu'il était à l'armée, dans une mansarde étroite et sombre, où je vous ferais contempler une pauvre veuve agenouillée avec ses trois enfants devant la statue de la Vierge, et lui demandant, — prière, hélas ! non exaucée, — de préserver les jours de son bienfaiteur !

» Voilà, Messieurs, ce que fut Henri, comme fils, comme père, comme époux, comme chrétien et comme soldat... »

Saulnier-Sadourny; lieutenant de la Bégassière.

Lucien Saulnier-Sadourny, comme tant d'autres nobles cœurs, ému des maux de la patrie, avait demandé à sa mère la permission de s'enrôler dans les zouaves pontificaux.

Ce n'était pas, au reste, la première fois qu'il sollicitait cette autorisation.

Déjà, en 1868, il écrivait à un de ses amis :

« J'ai dit à ma mère que je voulais m'engager dans les zouaves pontificaux. Si je ne puis être utile à la société d'une autre façon, je la servirai du moins en défendant l'Eglise et le Pape.

» Ce sont là mes idées; vous en rirez peut-être, et cependant je parle sérieusement, très sérieusement... Personne ne veut me croire; mais cela arrivera tôt ou tard... Pour le moment, je cherche à modifier mes idées uniquement à cause de ma mère. »

Cette fois, la généreuse mère a consenti. « Il ne conviendrait pas, » disait-elle, « que mes enfants restassent tranquilles chez eux, tandis que les fils de leurs fermiers vont se battre. » Et Lucien, chargé des bénédictions maternelles, part pour le Mans. Le jour même de son arrivée, il signe son engagement et demande à faire partie d'une des compagnies qui devaient les premières marcher à l'ennemi.

Néanmoins, l'entrée en campagne vient encore trop tard à son gré. Il est impatient de voir l'ennemi, la vie de caserne lui pèse.

« Je ne me suis pas fait soldat, » écrivait-il le 6 novembre, » pour parader dans les rues du Mans. »

Enfin, il est au comble de ses désirs : « J'ai le sac au dos, nous partons ; j'ai vu mon confesseur et réglé mes papiers avec lui. Sois sans crainte, ma bonne mère, et prie pour moi. Quand tu recevras cette lettre, ton fils sera vainqueur ou battu. »

En quittant le Mans, les volontaires de l'Ouest, qui faisaient partie du corps du brave général de Sonis, allèrent camper dans les bois des Coudrets, où le froid, l'humidité, les privations, les éprouvèrent si rudement. Rien, cependant, ne peut altérer cette gaieté qu'on aimait tant dans Lucien.

« J'ai perdu mon sac, » écrivait-il à sa mère, « et voilà plusieurs semaines que je n'ai pu changer de linge ; cependant, si je reviens, je suis sûr que tu seras contente de me revoir et de m'embrasser, lors même que ma toilette serait un peu négligée. »

Hélas ! arrive le 2 décembre, la sanglante journée de Patay. A partir de ce jour, le silence se fait, silence d'angoisses pour les familles, silence pire peut-être, pour les mères, que la certitude même de la mort.

En disputant pied à pied le terrain aux bataillons ennemis pour protéger la retraite de notre armée, les soldats de Charette se font écraser, comme ils avaient fait à Arthenay, comme ils feront plus tard au Mans.

Le soir de cette funeste journée, Lucien, la jambe et le bras droit fracassés par les balles, traçait péniblement de la main gauche sur son carnet ces mots que nous transcrivons dans leur déchirant laconisme :

» Battu à Loigny, blessures pied et bras.

» Le 3, samedi : passé la journée dans une écurie au milieu des Prussiens sur la paille, au château de Goury... Quelles souffrances !

» Le 4 : toujours à Goury, 24 heures sans manger ; que c'est triste de souffrir loin des siens !... Ecrit à mère par Prussien.

» Le 6 : pas vu docteur depuis 4 jours ; écrit par mobile fuyard.

» Le 8 : communié, curé apporté Dieu, bien prié Marie Immaculée, entendu canon. »

Dès ce jour, ses deux blessures lui causèrent de telles douleurs, qu'il ne put plus même en confier le secret à son fidèle carnet.

Mais sa mère, après huit jours de fatigues et de difficultés inouïes, arrivait auprès de lui.

Il semble dès lors au pauvre blessé que l'amour maternel, opérant des prodiges, allait le guérir et le sauver... La gaieté lui revint avec cette confiance.

« Je veux, » disait-il alors en plaisantant, que la jambe de bois qu'on m'adaptera soit coupée dans la forêt de Loigny. — Je reviendrai ici plus tard élever une statue à la sainte Vierge qui m'a sauvé. »

De si belles dispositions devaient recevoir leur récompense dans un monde meilleur. Après l'amputation du pied, une douloureuse opération au bras fut suivie d'une fièvre qui, en avertissant le malade de la gravité de son état, ne lui fit rien perdre de son calme.

Il ne manifestait qu'une crainte, celle de n'être pas assez patient dans ses douleurs ; qu'un regret, celui de ne pas voir le nom de tous ses camarades mis à l'ordre du jour de l'armée comme le sien, ou plutôt il avait un autre regret, et dans le délire des derniers moments il appelait à grands cris son frère Maurice. Mais Maurice, accomplissant une promesse qu'il avait faite, s'enrôlait le jour même comme volontaire.

Quant à Lucien, la mort ne venait pas le surprendre. « Monsieur le curé, » disait-il au digne prêtre qui l'exhortait, « j'ai fait le sacrifice de ma vie à Dieu et à la France chrétienne. »

Et si le langage de cet enfant de vingt ans en face de la mort nous surprend, écoutons le testament qu'il déposa le jour même de son départ entre les mains d'un de ses amis :

« Le 11 octobre.

» J'écris ces dernières lignes avant de m'engager. Je vais me battre pour mon pays; Dieu, je l'espère, me protégera et me fera miséricorde. Je suis bien triste de tout quitter ; mais l'honneur et le devoir m'appellent. Tous mes camarades sont partis, et moi je resterais !!!

» D'ailleurs, ce n'est pas pour la République que je vais me battre, c'est pour Dieu et pour la France.

» Je demande pardon à toutes les personnes que j'ai chagrinées, à ma mère que j'aimais bien ! Je compte sur elle pour les prières.

» Je donne à Dieu mon âme ; à ma mère, mon dernier adieu et mon dernier baiser. »

(*Semaine de Clermont.*)

Paul du Bourg de la Bégassière, lieutenant

au 1er bataillon des zouaves pontificaux, avait été blessé le 2 décembre à Patay, d'une balle qui avait traversé la poitrine. Il avait eu le courage de revenir, en chemin de fer, à Guingamp, où il vient de s'éteindre au milieu des siens, après de longues souffrances.

Le général de Charette lui écrivait, en lui annonçant une prochaine distinction : « Mon bien cher ami, vous manquez, je vous jure, au bataillon. Hélas! je sais que ce n'est pas de votre faute, aussi je prie Dieu qu'il vous envoie vite la santé et vous rende à vos amis, parmi lesquels je tiens à être mis en rang utile et parmi les plus chauds. Tout à vous de cœur. »

Hélas! la distinction annoncée et si bien méritée arrivera trop tard, et la place que ce noble jeune homme était venu prendre, encore enfant, il y a dix ans, parmi les zouaves, et qu'il avait bravement tenue, il ne l'occupera plus. Mais il laissera du moins à ses compagnons d'armes, dont beaucoup le pleurent comme un ami, le souvenir du cœur le plus noble et le plus dévoué à Dieu et à son pays.

(*Gazette de l'Ouest.*)

Paul de la Bégassière s'était distingué non-seulement à Patay, mais encore au combat de Monte-Libretti, un des plus beaux faits d'armes de notre siècle. C'est là que quatre-vingt dix-sept zouaves luttèrent héroïquement pendant trois heures contre douze cents garibaldiens. Ce fut auprès de la porte de ce village que tomba, l'un des premiers, le brave et regretté Arthur Guillemin. Mais bientôt l'on vit s'abattre le cheval du major Faseri, lequel roula avec sa monture sur le pavé. Le sergent de la Bégassière, appuyant le canon de son fusil sur l'oreille du major, le tua raide. Il reçut aussitôt une balle dans le bras, et comme une autre balle lui emporta son képi, il se coiffa du képi rouge et vert du major.

Là succombait un de mes amis les plus chers, le vaillant caporal Collingridge, après avoir fait des prodiges de valeur. On l'avait vu, acculé au mur, se défendre contre six garibaldiens.

Nobles jeunes gens! ne devons-nous pas envier votre sort? Vous avez versé votre sang pour la cause la plus sacrée, vous êtes les martyrs de l'Eglise et de la France! Et maintenant vous habitez le séjour de la gloire. Ah! n'oubliez pas vos frères qui gémissent dans la vallée du temps; aux pieds de l'Eternel intercédez pour eux.

Armand du Bourg.

Voici la lettre qui annonçait à M. Gabriel du Bourg la mort de son cher enfant. Une religieuse, sa parente, après l'avoir relevé sur le champ de bataille, raconte ainsi ses derniers moments :

« Mon cher cousin,

» Je viens consoler votre douleur immense, en vous donnant quelques détails sur la sainte mort de votre cher Armand. C'était un être exceptionnel dans notre malheureux siècle, et il a mérité d'être au nombre de ces saintes victimes qui apaiseront la colère de Dieu et sauveront notre pauvre France ! Oui, cher cousin, au milieu de votre douleur, votre consolation doit être bien grande, puisque vous êtes le père d'un tel fils ! !! J'ai eu le bonheur de passer sept jours près de son lit de douleur, et je vous assure que ce fils est un saint, et que nous avons un protecteur dans le ciel !

» Ce pauvre Armand m'avait priée de ne pas le quitter et de l'avertir quand sa dernière heure arriverait, parce qu'il voulait, avant de mourir, vous écrire un mot d'adieu ; oui, ce cher enfant a eu ce courage, il m'a demandé une plume et vous a tracé un ou deux mots illisibles de sa main tremblante ; et ne pouvant plus écrire, il m'a dit alors plusieurs fois : « Ah ! dites bien à mon père que je meurs digne de lui, et plein de reconnaissance d'avoir été élevé dans des principes qui font mon bonheur au moment d'entrer dans mon éternité. J'aurais bien voulu mourir pour la défense du Saint-Siége ! mais enfin, je meurs pour la patrie : c'est bien mourir aussi pour une sainte cause ; je meurs en *soldat chrétien et catholique.* » Puis il ôta sa chevalière, me l'a mise au doigt en me disant : « Gardez-la pour la rendre à mon père, c'est le seul souvenir que je puisse lui envoyer, car j'ai été dépouillé de tout ; vous lui direz que je désire qu'il la porte toujours et que mon corps soit enseveli près de lui. » — « J'ai gardé de ses cheveux : je vous les remettrai avec son costume criblé et plein de sang ; ce sont des reliques ! »

« Pour nous, » ajoute un de ses amis qui a eu le bonheur de le voir à son dernier moment et qui raconte à son père les mêmes détails, convaincu que l'on ne vit que pour mériter et mourir, « ne devons-nous pas féliciter ceux des nôtres qui ont atteint si glorieusement le but du voyage ! »

M. Gabriel du Bourg a reçu la lettre suivante :

« J'avais espéré jusqu'ici, mon cher du Bourg, que votre fils vous serait conservé ; aussi est-ce avec une profonde affliction que j'apprends aujourd'hui qu'il a succombé à ses glorieuses blessures. Quelle douleur pour votre cœur paternel ! Quels regrets pour moi, qui perds en lui un ami si fidèle et si dévoué !

» Elevé par vous, il était digne de vous : il l'a bien prouvé par son ardeur à voler à la défense du Saint-Père, victime de la révolution, et de notre malheureuse patrie envahie par l'étranger. Vous puiserez vos seules consolations dans les pensées de la foi, et dans le souvenir de la belle vie et de la fin si chrétienne de celui que vous pleurez.

» Je demande à Dieu de veiller sur vos autres fils, et particulièrement sur mon cher Joseph, pour qui vous connaissez ma juste affection. Ma femme veut que je vous dise combien elle partage mes sentiments, et quelle place vous occupez dans ses prières. Croyez plus que jamais, au milieu des cruelles épreuves qui nous accablent, à ma sincère et reconnaissante amitié.

» HENRI. »

M. Tresvaux du Fraval, un brave blessé de

Castelfidardo, écrivait dans le mois de février :

« Il est de ces familles qui ont accepté la mission noble et sainte, sublime, d'étouffer la calomnie sous les flots de leur sang, et de prouver qu'en France la foi et le patriotisme vivent encore.

» A peine, il y a dix jours, nous pleurions sur la tombe de Maurice, le capitaine de zouaves, aujourd'hui c'est celle de Charles, capitaine de mobiles, que nous entourons de nos prières et de nos regrets.

» Les louanges des hommes sont superflues devant de tels exemples. Dieu seul peut et sait les récompenser. Et le simple exposé des sacrifices de cette héroïque famille en dit à l'âme et au cœur mille fois plus que les plus éloquentes paroles.

» Comme la mère des Machabées, la famille du Bourg avait offert à la patrie quatre de ses enfants ; quatre ont succombé, deux de la branche aînée (de Toulouse), deux de la branche cadette qui habite notre pays.

» Le premier du Languedoc, tombe à Patay (Armand), sergent-major aux zouaves pontificaux; un mois après, son plus jeune frère, simple zouave, à Yvré-l'Evêque.

» Charles, cet aimable et charmant jeune

homme, capitaine aux mobiles de la Mayenne, reçoit une blessure également à Patay. Transporté à l'ambulance prussienne de Bazoches, il semblait devoir se guérir, mais Dieu l'avait déjà jugé digne de la récompense. Et la triste nouvelle nous parvenait le jour même où nous accompagnions pour la dernière fois son cousin Maurice, ce capitaine de zouaves qui avait affronté dix fois la mort avec cette bravoure qui, même parmi les zouaves pontificaux, le faisait remarquer comme un des plus braves entre les braves.

» Il est des hommes qui se réunissent dans la joie, d'autres se rapprochent dans la tristesse, les du Bourg sont de ce nombre. C'est ainsi que nous voyons le capitaine des mobiles de Toulouse, près des capitaines d'Ille-et-Vilaine et de la Mayenne, réunis près d'un même cercueil. »

Le pieux et courageux Emmanuel du Bourg est mort, comme ses cousins, pour Dieu et pour la patrie. Il a été frappé à la tête à l'attaque du pont de Neuilly, le Vendredi-Saint, à l'heure même où le Christ mourait pour le salut du monde. C'étaient les mêmes bourreaux, c'était la même rage contre les saintes victimes ; et à l'heure où la révolution fermait les portes de

Notre-Dame de Paris, s'ouvraient pour lui les portes du ciel !

Sous-lieutenant Ruel; lieutenant comte d'Argy; Richard, mobile du Lot.

Stanislas-Adrien Ruel, sous-lieutenant au 1er régiment d'infanterie de marine, a été frappé mortellement le 8 décembre, à la bataille de Poisly.

Voici dans quels termes le major du régiment annonça à M. Ruel père la fin glorieuse de son fils :

« Il est mort en brave, et emporte les regrets de tous les officiers qui l'ont connu. Quant à moi, qui ai été son chef de corps pendant quelque temps, je n'ai eu qu'à me louer de sa conduite, de son zèle et de ses bons sentiments, et je lui ai témoigné mon estime, ainsi que l'intérêt que je lui portais, en le désignant comme un officier distingué, au chef de bataillon sous les ordres duquel il a combattu glorieusement. »

Si cette mort fut celle d'un brave, elle fut aussi celle d'un chrétien. Notre jeune officier qui, dans la dernière lettre à sa mère, écrivait : « Je n'oublie jamais Dieu ; ne m'oubliez pas dans vos prières, » a eu le bonheur de recevoir les dernières consolations de la religion.

Entré comme volontaire, au commencement du mois d'août, dans les mobiles de la Sarthe, Adalbert, comte d'Argy, acquit son brevet de lieutenant à la date du 16 du même mois. Plusieurs fois on lui avait offert un poste plus élevé, mais sans ambition, comme sans arrière-pensée, il avait toujours répondu : « Je veux rester avec mes mobiles, je les connais, et ils m'aiment. Je puis être plus utile avec eux. » Placé à l'aile gauche de l'armée de la Loire, il avait pris part à plusieurs engagements. A Varize, il fut appelé, sous le feu de l'ennemi, à prendre le commandement de sa compagnie à la place de M. de Sainte-Beuve, blessé, lorsqu'il vit tomber son chef de bataillon, M. le comte de Mailly-Chalon, atteint d'un coup de feu. Ce dernier était en danger d'être fait prisonnier et hors d'état de se défendre. Aussitôt le comte d'Argy exhorta ses soldats à venger leur brave commandant et à le retirer des mains de l'ennemi, et, n'écoutant que son courage, il s'avança lui-même jusqu'à l'endroit où celui-ci était tombé, sous une grêle de projectiles ; Adalbert releva son ami, et, tandis qu'il remplissait cet office de charité chrétienne, il fut lui-même frappé, à l'épaule, d'une balle qui, s'étant engagée obliquement, lui perça le cœur à cause de la position inclinée où il se trouvait. Le lieutenant d'Argy s'affaissa aussitôt sur le corps de celui qu'il avait voulu secourir. Il ne put que prononcer quelques paroles inarticulées entre les mains du brave aumônier du 3e bataillon, le R. P. Stanislas, de l'ordre des Capucins, accouru pour relever M. de Mailly. Hélas ! quelques jours après, presque un même tombeau, du moins le même cimetière de la même paroisse de Courcement devait réunir ces deux nobles victimes ; cette fin glorieuse est digne du nom que portait le lieutenant d'Argy.

(*Gazette de France.*)

On est heureux, au milieu des défaillances et des scandales dont notre société matérialiste donne sans cesse l'affligeant spectacle, de rencontrer des âmes simples et modestes dans le devoir accompli, des âmes selon l'esprit de Dieu.

A ce point de vue, nos lecteurs nous sauront gré de leur raconter quelque chose des derniers moments d'un pauvre enfant de la campagne, tombé en brave sur le champ de bataille, et mort comme un saint dans une des ambulances de la ville de Nantes.

J.-B. Richard, jeune mobile du Lot, blessé le 8 décembre, d'une balle à l'épaule, dans l'un des nombreux combats soutenus par l'armée de Chanzy, après la bataille de Patay, était entré le 14 décembre à l'ambulance de la Visitation, et il y est mort le 1er janvier, à la suite d'une fièvre purulente.

Lorsque l'une des sœurs qui étaient là pour le soigner et qui en même temps ont dû lui donner comme un avant-goût de ce que peut être la douceur des anges dans le ciel, lui fit connaître toute la gravité de son mal.

— Mais, ma sœur, lui répondit-il, je n'ai que 23 ans.

— Qu'importe, mon ami, si le bon Dieu vous trouve bon pour le ciel.

— Eh bien ! que sa volonté soit faite ! ma sœur, je voudrais bien communier encore une fois, et aujourd'hui même.

Et comme on lui objectait que la crise qu'il subissait ne le permettrait pas, et qu'il valait mieux attendre au lendemain :

— Ah ! demain, dit-il, il ne serait peut-être plus temps !

On dut céder à ses insistances, et il reçut le jour même le saint Viatique et l'Extrême-Onction.

Dès ce moment, le calme se fit complet, et le jeune moribond se jeta tout entier dans les bras du Seigneur.

— Que je suis heureux ! répétait-il souvent : j'ai communié pour la première fois un samedi, jour de la sainte Vierge, et je vais bientôt aller au ciel. Vous ne me quitterez pas, n'est-ce pas, ma sœur ! et plus tard nous nous reverrons en paradis !

Cependant la douleur n'avait pas encore perdu tous ses droits sur le pauvre patient, et lorsqu'elle se faisait sentir plus aiguë : — Mon bon Jésus, disait-il, je souffre comme vous d'une plaie au côté et de plaies aux pieds ; quel bonheur !

Puis c'était la famille absente qui se présentait à son esprit. C'était son père ; c'était sa mère ; c'étaient ses frères et ses sœurs ; c'était tout entier l'humble et bien-aimé village dont le tumulte et le luxe malsain des grandes villes n'avaient pu effacer le doux et suave souvenir.

— Oh ! disait-il alors avec une indicible tristesse, si je pouvais avoir le bonheur de revoir ma famille, comme je reviendrais ensuite avec joie à la Visitation y mourir et partir pour le ciel !

Enfin, la mort approchant, il fit à M. l'aumônier qui l'assistait, aux sœurs qui l'avaient si tendrement soigné, les adieux les plus touchants, puis il expira en pressant sur son cœur un crucifix et une statue de la sainte Vierge, dont il ne se séparait plus depuis deux jours, et avec son dernier soupir sortirent de sa bouche ces trois mots : « Jésus ! Marie ! Joseph ! »

Il nous a paru utile et bon de dire quelques mots de cette mort, glorieuse devant les hommes, puisque c'est la mort d'un soldat tombé au champ d'honneur pour la patrie, et glorieuse devant Dieu, puisqu'elle a été acceptée avec cette complète résignation chrétienne et ce parfait esprit de sacrifice dont les saints nous ont donné l'exemple.

(L'*Espérance du Peuple.*)

Lieutenant Macé ; Jules Gouin.

Le 15 décembre, mourait en chrétien énergique, le lieutenant Macé. L'aumônier qui l'assistait au dernier moment lui a consacré une petite notice où il nous révèle le beau caractère de ce brave jenne homme, un Breton pur sang.

Nous laissons parler M. l'abbé Giraudet :

« Un des signes de la miséricorde de Dieu au milieu des tristesses de ce temps, c'est manifestement le choix très privilégié des âmes qu'il rappelle à lui. Il semble que le sang le plus chrétien, le plus illustre et le plus généreux de la France soit répandu comme à dessein sur les hontes du passé pour y servir tout à la fois d'holocauste et de rénovation. Oui, si le salut doit venir, il viendra de cette légion de héros, de martyrs et de saints qui, chaque jour, inscrivent leurs noms en caractères sanglants dans les dyptiques sacrés de la patrie.

» A cette liste déjà longue de soldats magnanimes, morts l'hostie dans le cœur et la croix sur les lèvres, il faut ajouter le lieutenant Joseph Macé, du bataillon d'Ille-et-Vilaine, neveu de Mgr l'archevêque de Rennes, blessé mortellement au combat de Champigny et décédé à l'ambulance du Grand-Hôtel.

» Rien de simple, de fort et de grand comme l'agonie de cet admirable Breton...

» Le lieutenant Macé fut averti du danger qu'il courait par l'aumônier de l'ambulance.

» Intrépide sur le champ de bataille, il resta impassible aussi devant la mort... et il avait vingt-cinq ans !

« — Merci, mon Père, » disait-il, « de m'avoir fait connaître la vérité. J'ai en horreur la dissimulation. J'entendais dire autour de moi que tout était bien, et je me laissais aller à cette illusion.

» Embrassez-moi pour votre bonne franchise. Oui, je veux purifier ma conscience ; oui, je veux être fortifié par l'Extrême-Onction et consolé par l'Eucharistie. Oh ! puissé-je, après, mourir entre les bras de Dieu et mériter les joies du ciel !...

» Allons ! il faut mourir en brave, je donne mon âme à Dieu, je lui fais le sacrifice de ma vie... Mon corps, qu'on le rapporte dans ma chère vieille Bretagne, ce sera une consolation pour ma pauvre mère si elle survit à sa douleur... La Bretagne ! Oh ! comme on aime ça, la Bretagne !... Et vous, ma bonne mère, je bénis votre cher souvenir ; donnez pour moi quelque chose de ma fortune aux pauvres. Dieu, ma Bretagne, la France, ma mère !... »

« C'est le sourire des élus sur les lèvres que Joseph Macé a rendu le dernier soupir. Il s'est endormi sans efforts sous le regard aimant de quelques-uns de ses compagnons d'armes, la main dans la main du prêtre qui a aimé son âme, assisté encore, pendant l'angoisse suprême, des plus nobles femmes qui lui ont prodigué trop peu de temps, hélas ! à leur gré, les soins les plus délicats et les plus affectueux.

» Le Père Faber, dans sa délicieuse légende de l'*Ange qui pleure*, parle des âmes que Dieu appelle à lui pour rafraîchir sa gloire et préparer les voies à ses miséricordieuses tendresses. Joseph Macé était de ces âmes-là. »

On adressait, à M. le supérieur du collége catholique de Combrée, la lettre suivante :

« Monsieur le supérieur,

» Vous venez de perdre un de vos bons élèves, et l'armée de Cathelineau un de ses braves volontaires, digne à tous égards de figurer dans ce corps d'élite.

» Jules Gouin est mort jeudi, 15 décembre, dans les cruelles épreuves d'une fièvre typhoïde. C'était, comme vous le savez, une âme heureusement douée, et surtout belle de piété filiale et de foi chrétienne, admirablement préparée par conséquent aux élans et à tous les sacrifices du plus pur patriotisme. — Et c'est, en effet, ce qu'il a prouvé, lorsqu'il y a deux mois il abandonnait si généreusement un bien-être qui lui pesait, disait-il, pour l'honneur et la défense de son pays ; et lorsque des premiers il entrait à Orléans, désarmait trois Prussiens, parmi lesquels un officier ; lorsque encore il se battait à Coulmiers, et depuis, lorsque enfin il donnait sa vie. Car si, à proprement parler, il n'a pas conquis la mort sur le champ de bataille, c'est qu'une précieuse consolation lui était réservée : celle de mourir entre les bras de sa mère, et sous les regards émus de son père, en récompense de l'aimable et tendre piété filiale dont il les avait toujours entourés. — Vu son état d'épuisement et de souffrance, son retour, en effet, paraît vraiment tenir du prodige, et ne peut mieux être expliqué que par une attention toute spéciale de Dieu et l'heureuse assistance de son ange.

» Toutefois, Monsieur, s'il convient de louer les qualités brillantes de ce cher enfant, et de le féliciter de sa belle conduite, il nous plaît surtout d'admirer comment il a su couronner sa vie, aussi volontairement offerte dans sa fleur. — Oui, monsieur le supérieur, et ce sera pour vous le sujet d'une grande joie, comme c'est ce qui fait aussi la plus douce consolation de sa famille, Jules a donné l'édifiant spectacle d'une sainte mort : en pleine connaissance il a eu le bonheur de recevoir tous les sacrements de l'Eglise, dans les sentiments de la foi la plus vive et de la plus exquise piété. — Il est mort victime de son dévouement à la patrie, et sa mort participe aussi au mérite du martyre ; mais, nous en avons la ferme confiance, il est mort avec la couronne et l'innocence du jeune homme prédestiné ; et cette mort qui est un gain pour lui et une sainte espérance pour sa famille, sera d'un bel exemple et d'un précieux souvenir pour ses amis de Combrée. — Puisse maintenant, à sa prière, le Seigneur accorder que son frère Adolphe, qui lui aussi, zouave volontaire, se dévoue pour la France, revienne sain et sauf consoler par sa présence sa famille en pleurs ! ! ! »

Capitaine de la Frégeolière.

Au milieu des humiliations, des décourageantes douleurs qui pèsent sur notre pauvre France, il faut encore espérer sur ses destinées à venir ;

car le sang de tant de jeunes et généreuses victimes est un holocauste qui a devant Dieu un mérite expiatoire dont lui seul connaît le prix. Le jeune et charmant officier de marine que nous pleurons, Renaud de Bernard de la Frégeolière, semblait être une de ces âmes prédestinées que Dieu avait mises en réserve pour cette douloureuse époque où il fallait des exemples et des victimes d'apaisement.

En retournant vers les années de son enfance et de sa courte jeunesse, on retrouve des souvenirs qui paraîtraient puérils, si l'on n'y voyait les germes de sa destinée dernière, le sentiment chrétien et le généreux instinct du sacrifice.

Du collége des Jésuites de Vannes, où il fit ses études, il écrivait avec ses impressions naïves et son style d'enfant de 12 ans : « Je compte dire tous les soirs un *Souvenez-vous* (et il ne sera pas le moins fervent de ma journée) pour que je quitte la terre avant mon père et ma mère. Je t'en supplie, ma petite mère, prie avec moi ; cette prière m'évitera d'abord un grand chagrin dont je mourrais peut-être, et ensuite un grand nombre de péchés ; car qui m'avertira quand tu ne seras plus là, et que je serai livré à mes passions ? Ça me fait bien de la peine de te dire ça, mais vois-tu, c'est pour mon bien. » Puis, une autre fois : « Figure-toi que j'ai fait un rêve singulier; j'étais sur un champ de bataille, frappé d'une balle et je voyais mon âme monter au ciel; j'avais peur, et pourtant j'étais content. »

Lorsqu'il dut choisir une carrière, il hésita entre les lettres et les mathématiques. Sa remarquable intelligence, claire, vive, flexible, se prêtait avec la même facilité à ces deux facultés si différentes ; mais il se décida pour la marine, qui plaisait à sa nature contemplative, à son attrait pour les grands et beaux spectacles.

A seize ans, il fut reçu brillamment à l'école navale, et deux ans après, commençait pour lui cette vie de voyages lointains qui, en fortifiant son caractère et développant les belles qualités de son esprit, ne lui ôta rien de sa sensibilité vive, de ce culte de la famille qui était un des côtés dominants de sa nature. Tout en aimant passionnément sa carrière, à chaque retour au foyer il ressentait une joie d'enfant qui éclatait en récits exubérants, en joyeusetés intarissables.

Au milieu de sa vie aventureuse, dans le contact d'opinions et de convictions si diverses, tout en respectant celles des autres il n'abandonnera pas les siennes : les faiblesses du respect humain étaient incompatibles avec son caractère indépendant et élevé. S'il ne maîtrisa pas toujours sa vive imagination et l'entraînement d'une ardente jeunesse, il ne pouvait supporter longtemps le malaise de la conscience, et ne manqua jamais de venir retremper son âme aux divines sources qui donnent la force et la vie.

Ce fut à Sonins, pendant qu'il suivait un cours d'infanterie, que lui arriva la nouvelle des premiers et terribles désastres de la France. Il en ressentit une douleur d'autant plus grande qu'il espérait peu de la reprise de la guerre : « Ce sera une horrible tuerie sans résultat ; mais si petite que soit notre chance, tentons-la. Malheureusement il y a si peu de vrai patriotisme. Les uns se retranchent derrière des opinions politiques; d'autres disent : « Que ferais-je, moi, un de plus ? » Est-ce ainsi qu'on doit raisonner ? Dans ces moments terribles l'abnégation complète, le souverain mépris de la vie doit s'allier dans le cœur avec l'amour de la patrie. République ou Empire, n'est-ce pas toujours la France ? »

Bientôt il fut appelé à Brest, et chargé de l'instruction d'un bataillon de fusiliers marins, dont il s'occupa avec ardeur. Le préfet maritime passant l'inspection du bataillon, et frappé de la façon dont il manœuvrait, en fit compliment au jeune enseigne de 22 ans, et lui envoya le soir même sa nomination de professeur d'infanterie à l'école navale. Mais celui-ci remercia l'amiral de ce poste flatteur, réclamant comme seule faveur le commandement de la 1re compagnie du bataillon qu'il avait formé, celle qui serait la première au feu. Cette demande fut accordée, mais la nomination à l'école navale n'en fut pas moins maintenue pour lui être rendue après la guerre.

« Hier, » écrit-il, « j'ai fait un petit speech à mes hommes. Je leur ai dit qu'étant tête de colonne, ils devaient donner au régiment l'exemple du courage et de la discipline. Sans me flatter, je suis très respecté et obéi par eux, car ils savent qu'ils peuvent compter sur moi. Ma position de capitaine de cette compagnie est un poste de confiance. J'en suis tout étonné.

» Moi qui m'étais toujours cru un officier médiocre, ma nomination à l'école navale avait commencé à me donner de l'orgueil, maintenant je suis comme la grenouille. Pourvu que je ne finisse pas comme elle ! »

Le mois suivant, les fusiliers marins quittaient Brest pour Lille, puis pour Cambrai, et enfin étaient appelés à se joindre à l'armée du général Faidherbe, qui voulait porter vers Amiens un coup décisif. Le pauvre enfant partit sans défaillance, mais sans illusions. « Oui, ma chère petite mère, » écrivait-il, « je serai un vaillant soldat ; là-dessus, tu peux m'en croire. Mais ce sera uniquement pour l'honneur ; je vois l'horizon très sombre ; je suis écœuré de ce qui se passe depuis deux mois. »

Son début de la campagne fut la prise de Ham.

A Pont-Noyelles, il combattit pendant la journée sous une pluie d'obus, et une partie de la nuit, attaquant l'ennemi de maison en maison à la baïonnette. Près de la moitié du brave bataillon resta sur le terrain.

« Je ne sais par quel miracle je suis encore vivant, » écrivait-il après la bataille.

Quelques jours après, l'armée du Nord se portait vers Bapaume, et l'héroïque bataillon décimé était encore au feu. Mais là devait s'éteindre cette jeune carrière si noblement commencée. Renaud de la Frégeolière tombait sur le champ de bataille de Béhagnies, frappé à mort par une balle prussienne. Dieu avait jugé sa belle âme mûre pour une autre patrie, où le bonheur est sans fin, la gloire inaltérable !

Voici ce qu'écrivait une dame de Lille, entièrement inconnue à sa famille, mais saisie d'intérêt et d'admiration pour le jeune marin dont le nom était dans toutes les bouches :

« Madame,

» Dans l'immense malheur qui vous frappe, si une consolation peut vous être donnée, c'est celle de vous dire que votre fils est mort en chrétien et en brave. J'ai recueilli de la bouche de M. Fitz-James, lieutenant de vaisseau, des détails qui m'ont si vivement impressionnée, que je ne puis résister au désir de vous les faire connaître.

» Quelques jours avant la bataille de Pont-Noyelles, M. de la Frégeolière disait à ses amis : « Je veux trouver un prêtre qui me connaisse pour me confesser, et lorsque j'aurai accompli ce devoir, j'irai bravement au feu. Sinon, il me semble que j'aurais peur. »

» Le Révérend Père Vautier, Jésuite de la résidence de Lille et aumônier de l'armée du Nord, put lui donner cette consolation, et voici les paroles si pleines de foi que votre cher fils prononça devant plusieurs de ses amis, le jour de la bataille de Pont-Noyelles : « Maintenant que j'ai rempli mes devoirs de chrétien, je n'ai pas peur de la mort, et je l'attendrai sans trembler. »

» La mort l'épargna ce jour-là. Mais bien peu de jours après, cette pauvre et chère victime succombait à Béhagnies en se couvrant de gloire. Je ne vois rien de plus beau que cette résignation chrétienne unie à la bravoure, et à l'impression que j'en ai ressentie il m'a semblé que je ne devais pas laisser tomber dans l'oubli les paroles qui doivent être le seul baume consolateur de votre cœur de mère si douloureusement percé. »

(*Libertés publiques.*)

Lieutenant Grenouilleau ; Georges Genest.

Théophile Grenouilleau, lieutenant des mobilisés de Maine-et-Loire, est tombé frappé à mort au combat de Monnaie ; un de ses amis lui a consacré les vers qui suivent :

« Nul de nous n'a suivi ton convoi funéraire,
» Il t'a manqué, l'adieu de tes amis en deuil.
» Loin du toit paternel, de ta sœur, de ta mère,
» Bien avant la saison, tu trouves le cercueil.

» Sur ta cendre pourtant, ne gémit point ma lyre,
» La gloire est le linceul que Dieu donne aux héros.
» L'esclavage après tout ne vaut pas le martyre,
» Ni ses lauriers sanglants tressés sur des tombeaux !

» Puisque l'homme ici-bas n'accomplit qu'un voyage,
» La mort dans le combat, vers l'asile éternel,
» Aux justes comme toi, donne un noble passage :
» C'est un char glorieux qui conduit l'âme au ciel.

» Mais au triste foyer, reste une place vide !
» Que de toits désolés ! de maisons sans soutiens !
» Que de fronts, de ses mains le deuil incline et ride :
» Aussi, le cœur lassé de la guerre homicide,
» J'ai des palmes pour toi, des larmes pour les tiens !

» Il avait tout pour lui : beauté, force et jeunesse,
» Et ce blanc vêtement qu'on nomme la pudeur,
» Et ce riche fleuron qu'on nomme la sagesse,
» Tous les dons de l'esprit et tous les dons du cœur.

» Quelque chose d'aimant trahissait sa présence :
» Sans se lier à lui, nul ne le pouvait voir,
» Et j'en sais parmi nous qui ne l'ont vu qu'un soir,
» Et le pleurent pourtant comme un ami d'enfance.

» Il n'était pas de ceux qui, pleins d'un lâche effroi,
» Tremblent devant le siècle et son vif anathème :
» Il servait sans rougir le Dieu de son baptême;
» Sa gloire, il la mettait à proclamer sa foi.

» Ce n'était pas en vain que dès le premier âge,
» Dans l'amour du devoir, ses jours avaient coulé;
» La piété toujours fut la sœur du courage,
» Et jamais, au péril, chrétien n'a reculé.

» Tes compagnons t'ont vu, sublime téméraire,
» De ton glaive vengeur percer nos conquérants,
» Et brisant dans leurs mains la lame meurtrière,
» Les forcer d'avouer qu'il est toujours des Francs.

» Dire que si parfait, il s'est éteint si vite !
» L'avenir lui riait, et le voilà glacé ! ! !
» Au jour de ses fureurs, Dieu frappe le mérite :
» Il lui faut du sang pour laver le passé !... »

Voici le témoignage que lui a rendu son chef de bataillon, M. le comte de la Frégeolière : « Votre frère est mort en combattant pour la patrie ; il n'a cessé, pendant l'action, de montrer le plus brillant courage et le plus complet dédain du danger. J'étais heureux de l'avoir près de moi, comme adjudant-major, et je ne me consolerai jamais de la perte de votre cher Théophile, que j'aurais bien volontiers appelé mon fils. »

Georges Genest est mort des suites d'une blessure qu'il avait reçue à la bataille d'Yvré-l'Evêque, près le Mans.

Pendant sa vie, qui n'a pas compté vingt années, il fut un modèle de vertu, de piété. Se sentant appelé à l'état ecclésiastique, il entreprit un peu tard l'étude de la langue latine. Grâce à une intelligence heureuse et à un travail opiniâtre, ses succès furent rapides, et il parvint en trois années à étudier les matières qui constituent le cours de rhétorique.

La guerre l'arrêta en ses travaux, mais sans lui rien faire perdre de ses pieuses habitudes. Appelé à faire partie des mobiles de la Mayenne, il édifia tout le corps par cette piété aimable et courageuse qui commande l'estime et le respect. Ses voisins le voyaient se lever la nuit pour prier, et se gardaient bien de lui causer le moindre trouble. Tous l'aimaient et le regardaient comme un saint. Son colonel, qui était plein d'affection pour lui, se l'était attaché en qualité de secrétaire.

A la bataille d'Yvré-l'Evêque, le jeune Genest tenait le cheval que son colonel se disposait à monter, quand un obus vint le frapper à l'épaule droite. Le coup fut terrible, il broya les os. Bientôt un éclat d'obus traversa les deux cuisses. Il souffrait cruellement, et passa un jour et demi sans recevoir aucun secours. Une femme de campagne l'avait accueilli : mais elle était tellement pauvre qu'elle ne put lui donner qu'un peu de soupe maigre.

Maurice du Bourg, qui le vit, lui promit du ton le plus affectueux d'écrire à sa famille. Hélas ! un instant après, la mort frappait le digne officier.

Un aumônier vint à passer ; on l'appela et il se hâta de faire porter Georges Genest à Yvré. Mais pour le transporter dans ce bourg, distant de plusieurs kilomètres, on ne put trouver qu'une misérable brouette.

Nous ne pouvons dire ce qu'il eut à souffrir dans cette ambulance où il fut déposé : elle manquait de tout, et les blessés y étaient entassés. Ses blessures et les moyens mêmes qu'il fallait employer pour les panser lui causaient des souffrances atroces. Et jamais cet affreux martyre ne lui arracha une plainte ; il ne savait qu'invoquer le nom de Jésus ; il accueillait le sourire sur les lèvres ceux qui l'approchaient, et les remplissait d'admiration. Pas un soldat ne quittait l'ambulance sans aller saluer le *saint* : c'est ainsi qu'on l'appelait.

Bientôt les médecins eux-mêmes manquèrent à l'ambulance. Il fallut donc en faire sortir le malheureux blessé. Le voyage lui fut successivement pénible ; mais enfin il arriva à Château-Gontier, chez sa sœur, madame Gasnier, et c'est dans ses bras qu'il a rendu à Dieu son âme si pure, si généreuse, si riche en mérites.

Capitaine Belon.

Les obsèques de Félix Belon, capitaine aux zouaves pontificaux, ont eu lieu en l'église du Lion-d'Angers, le 17 avril, au milieu d'un immense concours, empressé de rendre hommage à l'héroïsme et de témoigner sa reconnaissance pour le dévouement du brave officier. La garde nationale et les pompiers avaient pris les armes pour former au cortége une garde d'honneur.

Félix Belon fut un courageux serviteur de deux causes intimement unies : la Papauté et la France. Très jeune encore, il alla s'enrôler, à Rome, dans cette glorieuse phalange qui s'était vouée à la défense du Saint-Siége. D'abord simple soldat, sa bravoure et sa persévérance lui firent parcourir successivement tous les grades, jusqu'à celui de capitaine.

Quand la spoliation eut accompli son œuvre, le jeune officier revint en France, mettre son courage et son épée au service de la patrie affligée par des désastres inouïs et par l'invasion. Ses deux frères suivirent généreusement ce bel exemple : l'un faisait partie de la compagnie d'artillerie de M. de Vauguyon, où il se distingua ; l'autre servait dans un régiment de marche, formé des mobiles de Maine-et-Loire.

Félix Belon prit une grande part à ces brillants faits d'armes, où les zouaves ont payé si chèrement la dette du sang et de l'honneur, depuis Orléans jusqu'à Yvré-l'Evêque, où il tomba, blessé à mort, en même temps que du Bourg, de Bellevue et d'autres héros ! Il tomba au moment où sa compagnie, entraînée par son irrésistible exemple, enlevait une position importante et méritait les acclamations de l'armée. Puissent ces cris de : *Vivent les Zouaves !* poussés par d'autres braves, avoir adouci les dernières souffrances du vaillant capitaine !

M. le curé du Lion et M. le duc de Fitz-James se sont chargés de payer, au nom de l'Eglise et de la France, un juste tribut de reconnaissance et de regrets à cette mémoire glorieuse.

Voici le discours prononcé dans l'église par M. le curé ; nous sommes heureux de pouvoir reproduire ces fortifiantes paroles.

« Messieurs et bien chers frères,

» Arrêté par mon insuffisance, j'ai longtemps hésité à élever la voix, comme on m'y excitait. Pourtant, en présence de ce cercueil, j'ai cru pouvoir vous exprimer une pensée que vous partagerez peut-être.

» On parle tous les jours de l'abaissement des caractères en France, on ose même dire qu'il n'y a plus d'esprit français, d'héroïsme dans le dévouement. C'est trop dire ; ce n'est point là la vérité. Et au milieu de nos tristesses présentes, sous le poids des malheurs qui pèsent sur notre patrie bien-aimée, c'est avec joie, c'est avec espérance que nous nous écrierons : Non, non, la foi, l'amour du bien, l'esprit de sacrifice, de dévouement ne sont pas morts en France; il y reste beaucoup de nobles cœurs, qui conservent le feu sacré, et qui par leur exemple sauront le communiquer à leurs concitoyens. La vieille et noble devise de nos pères : « *Fais ce que dois, advienne que pourra,* » reste encore la devise d'un grand nombre; j'en prends à témoin, non-seulement le jeune soldat que nous pleurons, le cher et bien-aimé Félix Belon, mais ses compagnons d'armes qui l'environnent, mais cette assemblée si nombreuse d'hommes honorables, de véritables chrétiens, de généreux Français. Messieurs, on ne vient point avec autant d'empressement rendre hommage à ce cher défunt, sans être animé de l'esprit qui l'inspira, sans partager les principes qui inspirèrent sa vie. Cette vie a été courte, mais elle a été pleine... Le jeune Belon sortait en quelque sorte de l'enfance; il achevait ses études, sous la tutelle d'un oncle, vénérable supérieur d'une maison de lazaristes auprès de Constantinople, lorsqu'il apprend qu'à l'invitation du souverain pontife Pie IX, l'immortel Lamoricière forme une petite armée pour la défense des Etats pontificaux, et qu'il appelle à lui les cœurs généreux, les hommes de foi, pour atteindre ce but. A cette nouvelle, Félix Belon se sent pressé de devenir un de ces soldats de l'Eglise. Il lui fallait l'autorisation de son père, il la lui demande et la reçoit aussitôt. Ce ne pouvait être celui qui déjà avait offert au droit et à la France son bras, son sang, sa vie ; celui qu'amis et ennemis, s'il en a, proclament le plus loyal des hommes ; non, ce n'était pas le père qui pouvait hésiter. Le consentement accordé, Félix part aussitôt pour l'Italie. Je ne dirais pas ma pensée toute entière, Messieurs, si je n'ajoutais que ce jeune courage recevait une impulsion plus puissante encore des leçons d'une incomparable mère, dont l'exemple non moins que les leçons avait imprégné l'esprit et le cœur de ses enfants des principes de la foi ; d'une mère telle qu'il est impossible à un enfant de l'oublier jamais... d'une mère dont le souvenir sera toujours pour chacun des siens une exhortation à la vertu ; lequel souvent deviendrait un remords pour celui qui quitterait le chemin du devoir.

» Notre jeune Félix, arrivé à Rome, est admis dans le régiment des zouaves, hommes dont l'Europe a admiré le courage pendant qu'ils défendaient le Père commun des fidèles, qu'ils défendaient l'Eglise, notre Mère commune : Félix, dont nous venons d'admirer encore l'héroïsme au service de la patrie, de notre bien-aimée France, cette autre mère, ne faillit point, et depuis onze ans, il fut toujours le même : à Castelfidardo, à Mentana, à Monte-Rotondo et dans toutes les batailles qu'il eut à soutenir contre la révolution italienne, pas plus qu'en France, dans les différentes rencontres où il s'est trouvé en présence des ennemis de son pays.

» J'ai dit, Messieurs, que la foi puisée dans l'exemple paternel, dans les leçons d'une sainte mère avait surexcité son courage, et avait fait de lui l'homme du devoir... En voulez-vous une dernière preuve ? Devenu capitaine des zouaves, quelques semaines avant la bataille il s'entretenait avec un vénérable aumônier de la légion, et l'un et l'autre se disaient : « Nous accuserons toujours le principe de notre dévouement à la France en restant fidèles aux pratiques de notre sainte religion. » — « Oui, mon Père, » répondait le soldat, « je veux en donner l'exemple : *Ecoutez, ce soir, la confession de ma vie tout entière* » « Et, » a écrit le vénérable aumônier, « la franchise, la candeur de notre jeune capitaine m'allait au cœur ; je pleurais de joie et de bonheur. »

» La veille même de la bataille où il perdit la vie, il voulut encore purifier sa conscience; et ce fut sans crainte de l'avenir pas plus que du présent, qu'il recevait, le lendemain, une balle ennemie qui mettait fin aux combats de sa vie pour le faire entrer dans la glorieuse éternité.

» Je l'ai dit, Messieurs, et je le répète, la vie de Félix Belon, qui est la vie de tous ses compagnons d'armes, depuis le brave général qui les commande jusqu'au dernier de ses soldats, nous est une consolation, un motif de confiance pour l'avenir. La vraie France vit encore, et conserve cet esprit religieux et chrétien qui, comme une semence, se répandra dans les jeunes cœurs français, y germera et renouvellera les mâles et antiques vertus de nos pères. Le jour viendra, je l'espère, où chez tous, au désir des jouissances sensuelles, à l'égoïsme, à cette avide recherche des biens qui passent, succèdera l'esprit de sacrifice, de dévouement, le vif désir des biens éternels, et où tous rediront en chœur la noble devise : *Fais ce que dois, advienne que pourra.*

» Dieu nous en fasse la grâce. »

Les paroles suivantes ont été prononcées dans le cimetière, sur la tombe même, par M. de Fitz-James :

« Messieurs,

» Vous venez d'entendre votre vénérable curé célébrer les vertus et le dévouement à l'Eglise de Félix Belon. Avant que cette tombe se referme, je veux dire combien nous regrettons le généreux enfant de notre pays. Je comprends votre empressement, je partage votre douleur; vous êtes venus honorer la mémoire d'un homme dont le nom restera inscrit parmi ceux qui ont illustré notre Anjou ; vous êtes venus pleurer un ami.

» Vous l'avez tous connu : il était doux et joyeux comme un enfant ; il était brave comme un soldat chrétien, comme un soldat français. Il était capitaine dans les zouaves pontificaux, il commandait une compagnie de ces zouaves dont les Prussiens disaient, en les voyant traverser leurs lignes à la baïonnette, qu'ils n'étaient pas des soldats ordinaires! Les Prussiens avaient raison ; car, chez les zouaves pontificaux, se résume ce qui remplissait le cœur de Félix Belon, ces trois vertus qui font les héros, l'*amour de Dieu, le respect du devoir, le dévouement à la patrie.*

» Félix Belon portait, comme ses soldats, le Sacré Cœur sur sa poitrine ; l'image de ce cœur de Notre-Seigneur, qui nous enseigne tous les sacrifices, qui nous conseille toutes les abnégations. Comme sur celui de ses soldats, on voyait sur son uniforme la tiare et les clefs du Souverain Pontife, emblèmes du droit le plus auguste sur la terre, que celui et ceux dont je parle ont si glorieusement défendu ; de pareils hommes savent bien que ces signes commandent le patriotisme. Aussi, quand la France a besoin d'eux, ils savent mourir pour elle; ce cercueil vous le dit plus éloquemment que je ne saurais le faire.

» Généreux père, excellents parents de celui que nous pleurons avec vous, je dirai où vous puisez vos consolations. Quand vous avez su la mort héroïque de votre enfant, vos larmes ont coulé ; mais vous avez dit : « Il a fait ce que nous lui avons appris à faire, ce qui est de tradition dans notre famille ; il est auprès de Dieu, que la volonté de Dieu soit faite ! » Vous tous, ses parents qui m'écoutez, permettez-moi de vous dire ce que chacun pense ici : c'est que celui que vous pleurez était le digne enfant d'une digne famille.

» Messieurs, c'est un honneur pour moi d'avoir parlé sur cette tombe. Je ne veux plus, devant elle, pour rester à la hauteur des leçons qu'elle nous donne, que glorifier Dieu et notre patrie.

» Je le ferai avec cette vieille devise : *Gesta Dei per Francos*, les œuvres de Dieu se font par les Francs. C'est vrai, Messieurs, la France continuera sa mission. C'est la dernière parole que ce cercueil m'autorise à vous dire, et que je prononce en m'inclinant avec vous devant ce héros qui n'est plus parmi nous, mais dont la mémoire vaillante nous encourage et nous instruit ! »

Abbé Frédéric Mitton.

Parmi les séminaristes de Poitiers qui ont pris les armes pour la défense de la patrie, Dieu a daigné se choisir une victime : l'abbé Frédéric Mitton, décédé dans la nuit du 19 au 20 janvier, au Breil-sur-Mérize, près du Mans, à l'âge de vingt-un ans et dix mois.

Né à Châtellerault d'une famille où la religion et la vertu ont toujours été héréditaires, et s'étant, dès l'enfance, senti appelé au sacerdoce, il venait de commencer sa troisième année de théologie et se préparait au sous-diaconat lorsqu'il crut devoir retarder cet engagement sacré et éternel par un engagement momentané dans la légion des zouaves pontificaux.

Il nous est difficile de ne pas voir une inspiration d'en haut dans cet acte qui n'était point d'ailleurs l'effet d'un enthousiasme passager, mais bien l'exécution calme et silencieuse d'un projet mûrement réfléchi.

A peine entré au dépôt, il fut incorporé dans ce premier bataillon qui, encore une fois, a été broyé, en se lançant en avant pour sauver l'armée française.

Le 9 janvier, il écrivait à un jeune prêtre avec lequel il était lié d'une étroite amitié :

« J'ai demandé et obtenu l'honneur de servir la messe d'un des aumôniers de notre corps ; je viens de faire la sainte communion. Dans quelques instants nous allons voir l'ennemi. Or, savez-vous, cher ami, ce que j'ai demandé au bon Dieu ? La grâce de tomber sur le champ de bataille en faisant bravement mon devoir. Je suis prêt aujourd'hui, et j'espère aller au ciel... Qui sait si plus tard... Quoi qu'il en soit, j'ai la confiance que les Prussiens ne pourront pas se vanter d'avoir vu fuir devant eux le séminariste poitevin transformé pour un instant en zouave pontifical. Du reste, vous et tous mes amis, vous m'aiderez de vos bonnes prières, n'est-il pas vrai?... Adieu, au revoir peut-être... au ciel!... »

En traçant ces quelques lignes empreintes à la fois d'énergie et d'humilité chrétienne, c'était, hélas! un testament qu'il écrivait.

Sa demande avait été exaucée, et le jour même il tombait au poste d'honneur. Laissons ici la parole à M. le curé de Breil :

« Vous avez dû apprendre, par le docteur prussien, que votre fils avait été grièvement blessé, le 9 de ce mois, au combat d'Ardenay, à quelques kilomètres d'ici. La blessure de la cuisse nécessita de suite l'amputation au-dessous du col du fémur, opération excessivement dangereuse; outre cela, une balle lui avait traversé le flanc gauche, un peu au-dessous du cœur, et, pour qu'il ne manquât rien à son martyre, le pied gauche était gelé...

» C'est dans cet état qu'il fut transporté à l'ambulance du Breil, le mardi soir. Le vendredi, j'apprends qu'un séminariste est à l'ambulance; j'y vais de suite et j'obtiens du commandant la permission de le faire transporter chez moi. Dès le lendemain, voyant la gravité de son état, je me suis empressé de lui donner les sacrements, qu'il a reçus, le pauvre enfant, avec une piété et une joie indicibles.

» Je dois vous dire aussi, Monsieur, pour rendre hommage à la vérité, même envers nos ennemis, que le médecin de l'ambulance a donné à notre cher malade les soins les plus assidus ; il le visitait tous les jours deux fois. Mais que peuvent tous les soins contre d'affreuses blessures comme les siennes ? Tous ces soins n'ont fait que prolonger ses souffrances et ajouter ainsi à ses mérites devant Dieu, par la patience et la douceur avec lesquelles il les supportait.

» Hélas ! mon cher Monsieur, vous devez maintenant pressentir la douloureuse mission que je viens remplir auprès de vous... Pauvre père, et vous, malheureuse mère, qu'il a tant réclamée, appelez à votre aide tout ce que vous avez de foi et de religion : vous avez donné un martyr au ciel !... »

Lieutenant de la Noüe.

Charles de la Noüe était né le 14 août 1849, au château des Salles, près Paimpol. Il puisa au sein d'une famille chrétienne ces enseignements de la vertu qui seuls font les hommes. Sa nature ardente et généreuse était faite pour les dangers. Aussi désira-t-il de bonne heure devenir un défenseur de la patrie. Il se préparait pour l'école militaire de Saint-Cyr, chez les RR. PP. Jésuites de Vannes, lorsqu'il apprit la victoire de Mentana. Dans ce moment, l'archevêque de Paris, qui devait plus tard donner sa vie pour le salut de la France, faisait une visite à l'établissement. A tous ces élèves il disait, avec une profonde émotion, les vicissitudes auxquelles serait désormais voué le Vicaire du Christ. Il fit appel à leur courage et demanda quels étaient ceux d'entre eux qui étaient prêts à voler à la défense de la faiblesse et du droit. Charles fut le premier dont la voix jeune et vibrante, devançant celle de ses camarades, répondit : « Moi ! »

Les regards de tous se tournèrent sur lui, et le prélat, frappé de la noblesse de son maintien, de la résolution qui brillait dans ses yeux, le félicita chaudement de sa prompte décision, tout en lui conseillant, avant de prendre une détermination aussi grave, de solliciter l'aveu de ses parents.

Ceux-ci, bien sûrs cependant que leur fils chéri ne faillirait pas à l'honneur, donnèrent leur consentement, non sans une hésitation facile à comprendre, eu égard à son âge.

Pendant deux ans il monta la garde sur le dernier rempart de la société, attendant l'heure du combat avec impatience. Mais la maladie nécessita son départ.

Quand la France vaincue appelait ses enfants pour aller mourir, Charles n'hésita pas.

Désigné comme instructeur aux mobiles des Côtes-du-Nord, il gagna rapidement, par son mérite et par ses qualités sympathiques, l'estime de ses chefs et l'affection des soldats ; aussi fut-il bientôt promu au grade d'officier. Il était si bon qu'il se privait souvent, pour améliorer le sort de ses mobiles. D'une modestie sans pareille, il ne parlait jamais de lui. Il aimait à redire les hauts faits de ses compagnons d'armes. Il était surtout heureux de la gloire des zouaves pontificaux.

Charles de la Noüe se distingua au combat de Loigny, où, renversé par l'explosion d'un obus, il n'eut qu'une légère contusion à une main.

Il fut si beau au plateau d'Anvours que les zouaves s'écrièrent : « On voit bien que celui-là est des nôtres. » Mais, hélas ! au moment où il remplaçait son brave capitaine, M. du Clézieux, tombé à ses côtés, et qu'il s'élançait à la tête de sa compagnie au-devant des Prussiens épouvantés de tant de bravoure, il était frappé par une balle.

Maintenant je ne puis mieux faire que de donner quelques extraits d'une lettre adressée à M. le comte de la Noüe par le Révérend Père qui a pris soin des derniers moments de Charles.

« Le pauvre enfant nous fut apporté le 11 janvier du champ de bataille, bien blessé sans doute (la balle était entrée par un flanc et était sortie par l'autre), mais si calme, si tranquille, paraissant souffrir si peu, que nous eûmes tout d'abord l'espoir que le projectile avait suivi quelque voie extraordinaire, comme il était arrivé pour M. du Clézieux. J'allai voir Charles, il me souriait d'une manière charmante ; puis je le trouvai endormi et je remarquai sa respiration pressée ; ce cher blessé s'éveilla et m'en fit lui-même la remarque : « Je ne souffre pas du tout, me dit-il, j'ai la respiration très courte ! Quand j'irai chez moi en convalescence, j'aurai du plaisir à me rappeler tout cela. »

» Monsieur Louis Bazin ne le quittait pas;

quand Charles ouvrait les yeux, il les tournait sur lui, souriait et lui mettait la main sur le cou pour le remercier. Je n'oublierai jamais le visage de votre pauvre fils, Monsieur. C'était une des plus ravissantes expressions de physïonomie que l'on puisse voir; sa pâleur devenait extrême, mais tout l'ensemble était si doux, si aimable, que tout le monde venait voir ce cher blessé.

» Le 12, son état paraissait plus grave. Il fallait parler à Charles de tout ce qui pouvait arriver. Son brave cœur, qui n'avait pas tremblé devant les balles, n'hésita pas plus en voyant venir lentement la mort : « Je me suis confessé il y a quatre jours, me dit-il, je vous assure que je n'ai rien à me reprocher, mais je serai bien content de communier. » Charles reçut Notre-Seigneur, le sacrement de l'Extrême-Onction, puis l'indulgence plénière, avec une foi vive et une piété bien consolante.

» La nuit fut pénible. Le 13 au matin, vers 7 heures, il s'endormit en Dieu, sans presque souffrir. »

Capitaine de Falaiseau.

M. le vicomte de Maumigny comptait parmi les défenseurs de la patrie, non-seulement son fils et son gendre, anciens officiers pontificaux, mais encore plusieurs neveux, dont l'un, Henri de Falaiseau, capitaine au 25e bataillon de chasseurs à pied, fut tué le 29 janvier dernier au combat de Chaffois (Doubs), à l'âge de vingt-neuf ans. Son corps avait été déposé provisoirement, par les soins pieux de ses compagnons d'armes, dans le cimetière de l'hôpital de Pontarlier. On dut l'y laisser longtemps : les Prussiens occupaient la contrée, et le frère du défunt, M. le comte de Falaiseau, ancien lieutenant de l'artillerie pontificale, accouru de Rome pour défendre son pays, se trouvait retenu par son service dans l'armée de l'Ouest. Ce ne fut que plus tard qu'il put aller reconnaître ces restes chéris et les ramener au sein de sa famille.

Alors on célébrait la douloureuse cérémonie qui ravivait des plaies encore saignantes. C'était, en effet, comme un second deuil mené par les parents sur leur enfant bien-aimé, comme s'il eût été deux fois frappé par la mort.

Une nombreuse assistance, pieuse et recueillie, se pressait dans l'église Saint-Pierre. Toute la ville de Nevers avait voulu s'associer au malheur de cette noble famille et donner à la dépouille du jeune et brillant officier un nouveau témoignage d'admiration et de regrets.

Henri de Falaiseau était le type du gentilhomme chrétien, sa bravoure égalait sa foi. Plein d'entrain et de gaieté, il allait au feu comme il allait à la sainte Table, sans crainte comme sans forfanterie. Le soir, dans une réunion d'amis, à voir cet esprit charmant s'échapper en mots heureux, en joyeuses saillies, ceux qui ne l'auraient pas connu ne se seraient jamais douté que le matin il avait reçu son Dieu ou qu'il avait pu recevoir la mort.

Un des hommes qui ont été le plus à même de l'apprécier écrivait à ses parents : « Votre fils n'était pas seulement un saint, c'était encore un cœur plein de noblesse, de générosité, de dévouement, qui ne comptait ni les difficultés ni les dangers. Qui n'a connu son enthousiasme pour tout ce qui est noble, son amour pour sa patrie, son ardeur pour le noble métier des armes? Il écrivait de Saint-Cyr : *Devenir un militaire brave comme la lame de mon épée, chrétien comme ces hommes de l'ancienne roche, d'une moralité exemplaire, voilà l'idéal que je poursuis et qui remplit toutes mes espérances.* Henri a été fidèle à ce programme que lui avait dicté son cœur si noble et si pur.

Atteint grièvement au bras à la bataille de Gravelotte, il aurait pu se retirer. Il voulut rester. A la vue du sang qui coule en abondance, on le presse de quitter le champ de bataille. Il demeure au milieu des soldats. Il faut un ordre exprès de son capitaine pour l'obliger à recevoir les premiers soins qu'exigeait sa blessure.

Transporté à Metz, il y resta renfermé pendant toute la durée du siége. Mais ce fut pour soigner les autres bien plus que pour se faire soigner lui-même. A l'ambulance des jésuites où on l'avait envoyé, il étonne tout le monde, excepté lui-même, par sa charité et son abnégation. Il n'a qu'un bras valide et il l'emploie à soulager toutes les douleurs qui l'entourent. Il rend à ses camarades les services les plus abjects ; et malgré les plaintes et la mauvaise humeur dont on paye quelquefois ses peines, sa patience est inaltérable. C'est le témoignage que lui rend un capitaine, son compagnon d'ambulance. « Nous l'appelions, » dit-il, « *la sœur de charité;* »

c'en était une en effet, et si sa blessure a été si longue à se guérir, cela tient aux fatigues qu'il prenait et aux soins qu'il donnait à des plaies souvent dangereuses. »

Dès les premiers jours de la capitulation de Metz, il parvint, quoique souffrant, à sortir de la ville. Il traversa les lignes prussiennes, les mains dans ses poches, comme s'il eût fait une simple promenade matinale, et vint frapper, à deux lieues de là, à la porte d'un curé secrètement averti de son arrivée. Quelle ne fut pas sa surprise de trouver là deux Prussiens, un officier et un ministre protestant, installés au presbytère. L'effroi et l'embarras du pauvre curé n'étaient pas moindres. Pour tous les deux, en effet, il s'agissait d'être fusillés si le prisonnier était reconnu. Ils se continrent néanmoins l'un et l'autre, et Henri de Falaiseau déjeuna bravement et de bon appétit, en compagnie de ses deux ennemis, qu'il dérouta par son air de jeunesse et l'aisance de ses manières. Il égaya le repas, en racontant des tours d'écolier, parla littérature, multiplia les citations grecques, latines et françaises, et fit si bien que ses redoutables convives le prirent pour un étudiant et l'engagèrent à entrer au service de la Prusse, en faisant briller à ses yeux la perspective d'un avancement rapide.

Sorti de ce mauvais pas, il continua sa route, passa sans broncher devant les postes ennemis, dont plusieurs le suivirent longtemps de l'œil, et, arrivé enfin sur le sol libre, il rendit grâces à Dieu et se dirigea sur Nevers, d'où il se proposait de partir bientôt pour l'armée d'Orléans.

Il ne put cependant de sitôt réaliser ce désir. Les fatigues et les émotions du voyage avaient rouvert sa blessure, et il se vit forcé de retarder son départ. Ce fut pour lui une vive contrariété; l'inaction lui pesait; sa bravoure l'emportait au milieu des combats. A la première nouvelle des désastres de la Loire, il ne put se contenir, et, malgré l'avis de son médecin, malgré les angoisses de sa famille, qui comprenait néanmoins si bien ce dévouement, malgré les observations de ses amis, il se résolut à partir, quoiqu'à peine rétabli, pour partager les dangers de ses frères d'armes et se mesurer de nouveau avec les ennemis de la patrie.

« C'est mon devoir de chrétien, » disait-il, « et mon devoir de Français; » et, précédemment, il avait écrit à son frère : « Nous autres, gentilshommes chrétiens, nous sommes doublement obligés de servir la France et l'Eglise. » Dans cette intelligence juste et ferme, l'Eglise, patrie de l'âme, et la France, patrie du corps, ne pouvaient pas être séparées.

Quinze jours après son départ, il tombait, mortellement frappé d'une balle en pleine poitrine. Il avait communié quelques jours auparavant, et le matin même du combat, il s'était préparé par la confession à prendre place, parmi les martyrs du devoir, pour recevoir avec eux la communion éternelle.

Sainte et glorieuse mort, si c'est mourir que d'entrer ainsi dans la vie des cieux. Immense compensation aux douleurs d'une noble famille, qui accepte avec une résignation héroïque le sacrifice que Dieu lui a imposé, parce qu'elle sait de vieille date que son sang appartient à la France et qu'il faut des victimes pures pour plaider auprès du souverain juge la cause de notre malheureuse patrie.

(Extrait de la *Semaine Religieuse* de Nevers.)

Joseph Arthaud; Frère Néthelme.

Les RR. PP. capucins de Toulouse payaient

un nouveau tribut de dévouement à la patrie d'une manière bien douloureuse pour eux.

Un de leurs frères, religieux convers, n'écoutant que son courage et son désir ardent d'être utile à son pays, s'engageait, malgré le mauvais état de sa santé, dans l'armée régulière. Inscrit au 8e bataillon de chasseurs à pied, en résidence à Toulouse, il s'exerçait depuis lors au dur métier du maniement des armes avec un zèle et une exactitude digne d'un ancien religieux de saint François, lorsque survint le terrible incendie du moulin de Bazacle.

Accouru pour prêter main-forte à ceux qui s'efforçaient d'éteindre le feu, il dut passer la plus grande partie de la nuit les pieds dans l'eau, malgré le froid excessif qui sévissait avec tant de rigueur. Il n'en fallut pas davantage pour porter un coup mortel à cette santé chancelante.

Tombé malade le lendemain, il rendait le dernier soupir le premier jour de l'an, à la caserne Calvet. Ses obsèques eurent lieu à l'hospice militaire.

Les personnes qui assistèrent à cette triste cérémonie purent voir un cercueil porté par deux religieux capucins et par deux soldats du 8e chasseurs.

C'était le cercueil de Joseph Arthaud, en religion frère André. Ses frères d'armes et ses frères en religion s'étaient donné rendez-vous pour rendre leurs derniers devoirs à celui qui fut leur frère et qui sut les édifier, les uns comme les autres, par la pratique des plus pures vertus.

Les religieux capucins en particulier n'oublieront pas les exemples de pieté, de régularité, en un mot toutes les vertus religieuses qu'ils reçurent de la part du bon frère André, et sa mémoire sera toujours en bénédiction parmi eux.

Le 21 décembre, vers neuf heures du matin, sur le champ de bataille du Bourget, tombait tout sanglant, la poitrine percée d'une balle, le frère Néthelme, de l'institut des Frères des Ecoles chrétiennes. Il était dans sa trente-unième année. Un des témoins de ce déplorable accident avait cru le courageux infirmier mort sur le coup, et nous avions rapporté son affirmation. Elle était prématurée. Le blessé put être transporté à l'ambulance de la Légion-d'Honneur de Saint-Denis, puis dans la maison des Frères de la même ville, où il vécut encore jusqu'au 24 décembre.

Dans cette affaire du Bourget, comme dans

beaucoup d'autres, les Prussiens ont agi contrairement à la convention de Genève et aux lois de l'humanité.

Le feu venait de cesser de notre côté afin de permettre aux ambulanciers de remplir leur ministère. Une escouade de Frères s'avança vers le Bourget; le drapeau était porté par l'un d'eux en tête du cortége. Lorsqu'ils furent bien en vue, l'ennemi, sans aucune provocation de notre part, dirigea sur ces hommes de paix et de dévouement la plus vive fusillade. Le drapeau fut percé de trois balles. Quelques Frères eurent leur robe trouée. Le frère Néthelme, s'étant baissé, reçut au défaut de l'épaule une balle qui, après avoir causé les plus grands désordres, alla se loger dans le côté. Il fut impossible de l'extraire, et dès la première inspection de la plaie les médecins perdirent tout espoir.

Pendant les trois mortels jours qui s'écoulèrent du 21 au 24 décembre, le frère Néthelme garda toute sa connaissance; il reçut les sacrements de l'Eglise avec le plus grand calme et ne cessa d'offrir à Dieu le sacrifice de sa vie. Quelques heures avant d'expirer, il fut pris d'un accès de fièvre pendant lequel il parlait tout haut à ses chers enfants et les exhortait, comme s'ils pouvaient l'entendre, à se bien préparer à la visite de l'enfant Jésus.

Jean-Baptiste Baffie, en religion frère Néthelme, était né à Nozières (Lozère), le 5 octobre 1840. Il était entré au noviciat du Puy le 15 octobre 1860, et avait été nommé professeur à la 1re division de l'établissement Saint-Nicolas, à Paris, le 20 septembre 1866.

Les Frères de la Doctrine chrétienne ont étonné le monde par leur abnégation. Ils ont forcé leurs ennemis les plus violents à rendre hommage à leur héroïsme. Voici des extraits de quelques journaux qui ne leur ont pas été toujours *bienveillants* :

« Nous avons bien souvent dans ce journal, » disait l'*Opinion nationale*, « lutté contre le caractère envahissant des corporations religieuses, quand le gouvernement leur accordait toutes ses faveurs. C'est un devoir pour nous de rendre aujourd'hui justice au zèle des religieuses pour nos malades, et particulièrement au courageux dévouement avec lequel les Frères des Ecoles chrétiennes vont ramasser les blessés jusque sous les balles ennemies, rivalisant de stoïcisme avec le personnel admirable des médecins et des volontaires des ambulances. Honneur à qui fera le mieux : l'opinion publique sera juge et le pays profitera des loyaux efforts des combattants.

» Nous devons constater qu'en ce moment les Frères des Ecoles chrétiennes ont pris une avance. »

Le *Soir* écrivait :

« Un des grands sujets de conversation parmi les pioupious, c'est la conduite des Frères, ces hommes noirs qui, calmes, stoïques, marchant au milieu des balles, portant les blessés, remplissent nos soldats d'admiration. Il faut dire que ces deux cents Frères ont donné l'exemple d'un courage réel. Plus de dix fois nos généraux ont dû les forcer à attendre que la fusillade fût finie pour aller relever les blessés.

» Ainsi l'institut des Frères a fourni deux cents infirmiers dont la robe noire se montre partout au mépris du danger. Rendons hommage à leur bravoure. »

Laissons maintenant parler le *Figaro* :

« Le 30 novembre, les Frères des Ecoles chrétiennes venaient à Champigny, au nombre de cent soixante-quinze. Le lendemain et le surlendemain, ils étaient deux cents. Depuis, pour enterrer les morts et prêter encore leur concours pour le transport des blessés des ambulances provisoires aux ambulances définitives, ils sont venus au nombre de trois cent vingt, et cela sans interrompre le service des écoles publiques et des ambulances de Paris.

» Les braves Frères, lestés d'un pain de deux sous, d'une tablette de chocolat et d'une gourde de vin, dont les blessés ont bu la plus grande partie, se sont rendus, au pas militaire, jusqu'à Champigny. En vain a-t-on voulu leur faire comprendre qu'ils devaient rester en arrière des lignes : ils ont marché jusqu'aux premiers rangs de l'armée. Ils se sont littéralement mêlés aux soldats ; et sitôt qu'un d'eux tombait, deux Frères accouraient et le portaient jusqu'à la voiture la plus proche. Par un hasard providentiel, aucun Frère n'a été grièvement blessé. Trois seulement ont eu de légères atteintes de balles ou d'obus.

» Ce sont des Frères qui ont relevé le général Renault au moment où il venait de tomber, et qui l'ont porté à la voiture d'ambulance. Ils avaient pris la fonction la plus humble et la plus périlleuse à la fois : celle de brancardier. Aucun n'a reculé. Sitôt que la mitraille cessait de pleuvoir sur un point, ils le quittaient. Ils cherchaient littéralement le danger, pour rendre leur présence utile, se disputant la besogne la plus pénible, sans distinction de rang, avec cet admirable sentiment d'égalité qui fait la force de leur ordre.

» Qu'on nous permette d'entrer dans quelques détails de chiffres.

» Il était d'intérêt public qu'aucune école de Paris ne restât fermée pendant le siége. Mais aussi les Frères qui ont continué de faire ce service ont pris double tâche, de façon à laisser libre un plus grand nombre d'entre eux pour les ambulances. Les Frères âgés de soixante et quatre-vingts ans, encore valides, ont quitté leur retraite de la rue Oudinot pour reprendre leurs chaires de professeurs.

» Cent vingt Frères se sont voués exclusivement aux services des ambulances de la communauté et à celles de la presse. Et la communauté ne compte en tout, à Paris, que six cents Frères.

» Aucun service de secours ne leur est payé. Les voitures seules sont aux frais de la société des ambulances.

» Ce n'est pas le seul sacrifice d'argent que les Frères aient fait à la cause nationale.

» Ils ont recueilli dans leur maison de Passy, où ils les nourrissent, cent cinquante vieillards, précédemment logés dans les hôpitaux, afin que leurs lits restent à l'assistance publique, à la disposition des blessés. A Passy encore, ils ont créé une ambulance de cent cinquante lits, admirablement aménagée et entièrement occupée à l'heure qu'il est. Rue Saint-Antoine, ils viennent d'ouvrir une autre ambulance de cinquante lits, qui a été littéralement prise d'assaut au retour de Champigny. Rue Oudinot, à leur institut, ils ont encore établi une ambulance de deux cent dix lits, véritable hôpital parfaitement aménagé, et où les blessés sont admirablement traités, le tout aux frais des bons Frères. Enfin, dix-sept ambulances de la presse, comprenant cinq cents lits environ, n'ont d'autres infirmiers, d'autres serviteurs que ces dignes religieux. Si la communauté a quelques réserves, il est certain qu'elles s'épuiseront pendant le siége de Paris. Ce n'est pas de cela que se préoccupent les Frères. Ils ont livré aux blessés leurs dortoirs, leurs réfectoires, leurs salles d'études. Dans ces vastes locaux l'air circule librement.

Les lits sont espacés, les malades ne sont pas entassés comme dans les hôpitaux. Tout ce que l'établissement contient de salles confortables a été donné. Les Frères se sont réfugiés volontairement dans les recoins de leur maison. Ils ont pris pour eux les privations, les fatigues, la gêne. Aucun sacrifice ne leur a coûté pour leurs chers blessés. »

R. P. baron de Layre; Dom Augustin; R. P. Hermann.

Les religieux des divers ordres, non contents de donner tout ce qu'ils possédaient pour le soulagement de tant d'infortunes, allaient dans les ambulances ou sur les champs de bataille exposer héroïquement leur vie pour encourager nos braves soldats et leur faciliter l'approche de l'éternité. Plusieurs ont succombé dans leurs nobles tâches, entr'autres R. P. baron de Layre, Dom Augustin, R. P. Hermann.

Le Révérend Père Antonin-Armand-Elzéar Bourgnon, baron de Layre, prêtre de l'ordre des Frères-Prêcheurs, est mort à l'ambulance des Dominicains, à Paris, le 15 décembre 1870, à l'âge de 51 ans.

Depuis vingt ans déjà, le Père Antonin avait

quitté la ville de Poitiers, et abandonné ses nombreux amis pour consacrer sa vie à Dieu et aux pauvres.

Après avoir renoncé à toutes les joies, à toutes les douceurs que lui permettait l'existence du monde, il menait cette vie d'abnégation et de charité qui, pour être obscure, n'en était pas moins belle et utile.

Dès le commencement de la guerre, le Père Antonin avait été profondément affecté des malheurs de son pays.

Lorsque la ville de Paris fut investie, il comprit que là où, pour satisfaire l'ambition insatiable d'un homme, tant de sang allait être versé, il était de son devoir de concourir au soulagement de souffrances si grandes, et il obtint qu'une ambulance fût établie dans le couvent des Dominicains.

Mais cette œuvre ne suffisait pas à son ardente charité ; il savait les tortures imposées aux soldats blessés pendant les longues heures d'attente qu'ils passent sur la terre froide des champs de bataille, implorant les secours, tandis que leurs membres glacés refusent tout service.

Malade déjà lorsqu'eut lieu le combat de

www.ingramcontent.com/pod-product-compliance
Lightning Source LLC
LaVergne TN
LVHW020332230826
846091LV00003B/836

* 9 7 8 2 0 1 2 8 7 4 2 4 4 *